在这里，5000年没有什么太大的变化

看见5000年

良渚王国记事

马黎 著

浙江古籍出版社

序

二十一世纪是信息化的时代，我们每天都面对越来越大量的来自各方面的信息。这些信息所涉及的知识门类也越来越多，在这些包含不同知识的信息面前，我们每个人都是普罗大众，我们都只是工作在自己熟悉的知识领域和专业里的人。信息已经像空气一样成为我们生活时空中不可或缺的组成，成为我们感知世界的生命的一部分。因此我们都应该感谢每天忙碌着采集、整理和传播信息的记者们，他（她）们是带领我们看世界的眼睛。

在知识分类越来越细、专业化程度越来越高的时代，做一名优秀的记者，需要付出许多的努力。他（她）们需要具备专业知识、文学素养、敏锐的眼光、旁观者的角度、独立思考的能力、对时代与社会的了解、知识转化的水平以及与人沟通的情商等等，总之我觉得要做一名优秀记者是件不易的事。当然还有坚持。我做考古几十年，接触过的记者很多，但大多都是即时性的新闻报道，对考古的专业知识了解不多，往往只关心是不是"第一次"发现，是不是年代"最早"，是不是"最大"等等问题，所以对考古发现的知识传播也往往是非常片面的，好像考古就是挖宝。

当代考古早已经不是以挖宝为目的学问了。在研究古代社会的同时，考古学还包含了对古代环境、古代技术、人类起源、文化交流等各方面的研究，总之天文地理无所不包。考古工作本身也不仅是象牙塔中的学术探索，更多的是当今社会发展建设中的一个环节。可能许多人并不知道，所有的高速公路、铁路、水利工程等建设项目，都要经过考古人的事先调查和考古发掘。我曾经在我的书里写过这样一段话："考古让我们不断地回到从前，作为一个考古者来说，也许是辛苦的，因为我们要不断地往返于时间的两端，同时活在古代和当代。也正是因为这样，我们也是幸运和幸福的，因为我们的心常常可以活在许多不同的时空。当一扇扇的门打开，当我们穿越时间的隧道，渐渐地熟知一片片远古的天空，我们会越来越感觉到生命的充实与久远。"

作为记者也是辛苦的，尤其是作为报道考古的记者，他（她）也要像考古工作者一样地坚守，一样的不断地穿越古今，而且要把考古的专业语言翻译给现代各个行业的人。马黎是我熟知的报道考古的优秀记者。认识马黎有十几年了，我们浙江省文物考古研究所的人都把她当作我们的编外队员，因为她不仅熟悉我们的考古工作，了解古代文化和考古专业知识，而且她还是我们考古所大家的朋友。不管谁有了重要发现，都会第一个想到要告诉马黎，马黎也绝对会不辞辛苦地第一时间赶到考古工地。她能够听懂

序

考古人的专业讲述，明白发现的意义，你不用很辛苦地去解释各种专业知识。她也深知我们考古人的甘苦，所以大家都愿意和她交流。马黎是学戏剧文学出身，所以她的考古报道往往有着很生动的场景感和人物形象，把古代知识融入当代考古的环境中讲述，穿越古今，透物见人。

关于良渚考古，马黎自从良渚古城发现以来，跟踪报道了所有重要的考古发现，采访了与良渚考古和保护相关的各方面的人物，参与了良渚考古、保护与申遗的各个环节，熟知良渚文化的内涵。可以说马黎是良渚考古的参与者、旁观者和传播者。她以记者的身份，戏剧场景式的描写方式，辛勤耕耘，讲述良渚的古与今。马黎的这本书汇集了她近十年来写良渚、看良渚的故事和心得，记述了良渚考古一路走来的历程。在此书付梓之际，作为良渚古城考古的主持人和良渚几十年考古的亲历者，很荣幸能为此书写几句话作为卷首语。也向马黎这样的记者，表示深深的敬意。

浙江省文物考古研究所　刘斌

2020 年 6 月 10 日于良渚

第一章　　1000 年绽放

良渚人从哪儿来　　　　　　　　　　003

5000 年的江南水乡　　　　　　　　　015

城墙上的日子　　　　　　　　　　　029

识骨寻踪　　　　　　　　　　　　　043

舌尖上的神器　　　　　　　　　　　052

种水稻的良渚人　　　　　　　　　　059

河里的秘密　　　　　　　　　　　　072

玉魂国魄　　　　　　　　　　　　　083

王的葬礼　　　　　　　　　　　　　106

一张制玉作坊订单　　　　　　　　　117

乾隆和"玉辋头"　　　　　　　　　142

良渚古国有文字吗　　　　　　　　　150

良渚人去哪儿了　　　　　　　　　　163

目 录

第二章　80年追寻

寻找施昕更　　　　　　　　　　　174

第一次　　　　　　　　　　　　　188

发现王陵　　　　　　　　　　　　198

石头记　　　　　　　　　　　　　213

第三章　余　绪

我是良渚的仰慕者　　　　　　　　226

良渚申遗文本那些关键词　　　　　232

见　证　　　　　　　　　　　　　242

波澜13分钟　　　　　　　　　　　261

代后记　听见隐秘不可察觉的声音　　270

第 一 章
1 0 0 0 年 绽 放

———— Chapter 1 ————

距今5300～4300年,1000年间,一个叫做良渚的王国,曾极致绚烂,创造了同时期水利和玉器制作的巅峰,却突然暗淡,消失于历史长河。直到今天,我们发现了你,拨开云雾,一眼千年。

良渚人从哪儿来

良渚人,并不是土生土长的"本地人"。故事要从1万多年前讲起。

离我们最近的一次冰期(第四纪末期冰期)结束了,气候变暖,人们从旧石器时代的洪荒中走来,渐渐懂得了生活的真意,开始了农业与定居。

迁 移

5000多年前,长江以北安徽凌家滩的精英们,从太湖之滨走来,长途迁徙,来到了这片山地平原——中国长江下游环太湖流域的南部,距杭州市区西北20公里,跨域良渚、瓶窑两镇。

良渚,意思是美丽的小洲,被山水这个天然"子宫"怀抱,形成了一个相对独立、安全的地理单元。

眼前这片山林环绕之地,依山傍水,和中国江南水乡的风貌没有什么不同。精英中的首领——王,要在此地建立一个新的国家。

作为良渚玉器的源头之一——距今五六千年的安徽凌家滩文化中，曾发现一件刻纹玉版，"解剖"后发现，上面的图案，和仰视角度的良渚玉琮的展开图惊人的一致。它似乎是玉琮的"鼻祖"，或者说"打板"。

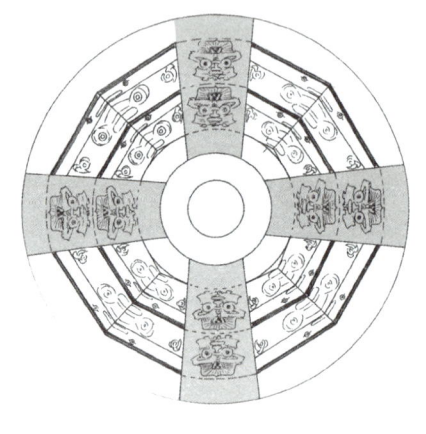

1、2. 安徽凌家滩刻纹玉版
3. 良渚玉琮展开图

安徽凌家滩刻纹玉版（左）上的图案与良渚玉琮的展开图（右）惊人地一致，它是玉琮的鼻祖吗？

良渚人从哪儿来

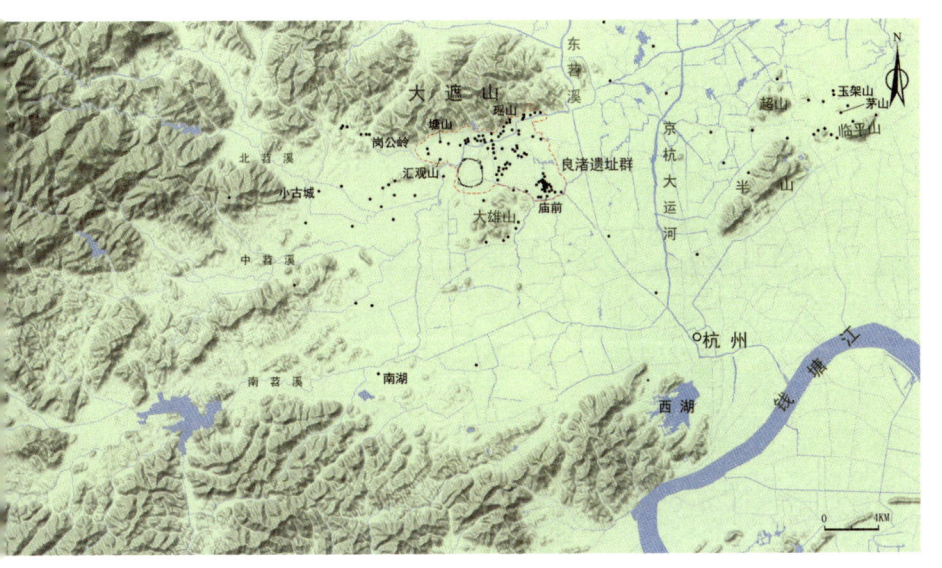

良渚古城所在的C形盆地

良渚古城遗址位于杭州市北部，处于一处面积达1000平方公里的C形盆地北部。古城南北是大遮山和大雄山两座天目山余脉，西部散落着一系列低矮山丘，向东则是敞开的平原。发源于天目山脉的东苕溪，自西南向东北蜿蜒流过。

已经掌握用玉技术的古代先民，为什么来这儿？

或许，他们为了继续寻找一条玉石之路。此地资源充足，天目山上能找到很好的玉矿。另一方面，距今5300年前后，气候发生了大变化，干旱，水位下降，水域面积缩小，原来很不适合生活的杭嘉湖平原沼泽地区，有了可以进行大规模农耕的可能性。

所谓择中而立国。面对这片山水之地，首

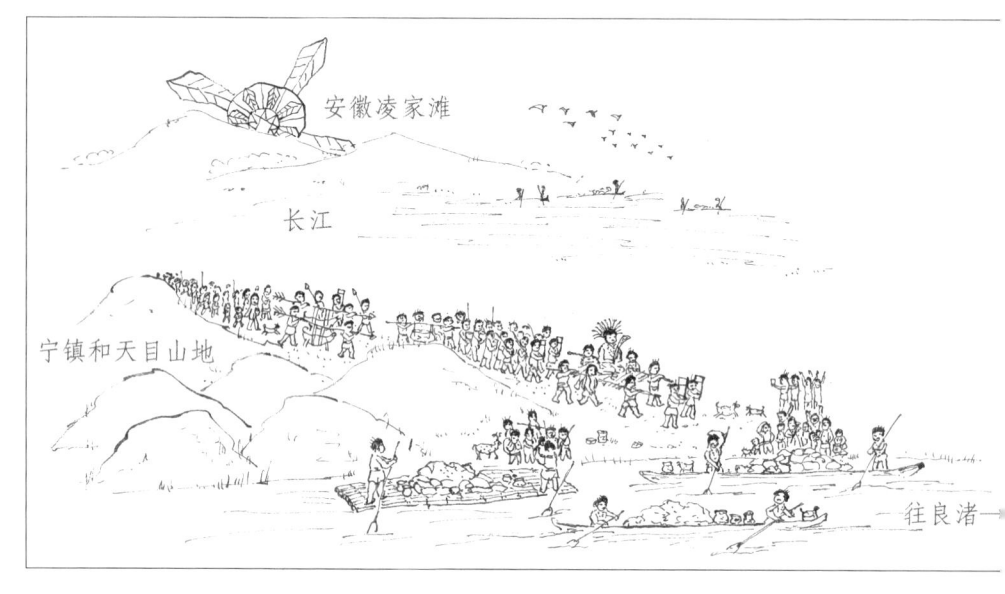

精英的迁徙　方向明绘

领却没有这么做。

作为一国之都——良渚古城，也就是良渚文化核心区的娘家、"紫禁城"，居然偏居浙西山地与杭嘉湖平原交接处，一个面积达1000平方公里的C形盆地里，并不处于良渚文化分布区和环太湖流域的中心位置。

C形盆地，却不在"C位"。为什么？这种权力中心与地理中心的不对应，太特殊了。

如果让现代人再选择一次，我们或许会往北，贴着北面的山建城，因为山间地势高。那么良渚人为什么还要耗费人力物力，在这样一片沼泽地筑造一个超大型宫殿，还要在此定居呢？

显然，王对这里的地理位置、交通方不方便、生活资源能不能获取、洪水能不能防范等等因素，做了精心的勘察和评估——三面环山，可以作为古城的坚实护卫；发源于天目山脉的东苕溪，自西南向东北蜿蜒流过，最终向北注入太湖，水运便利。城址靠近天目山东端，可以利用玉、石、木材等山地资源并防治水患；面临广阔的河网平原，适于稻作农业。

一个崭新的文明，即将诞生。

良渚文化

良渚文化是中国新石器晚期的一种考古学文化，距今5300～4300年，它分布在我国长江三角洲太湖平原地区，以发达的稻作农业为基础，有"三大件"琮、璧、钺等成组玉器，使用"标配"鼎、豆、罐、壶。

良渚文化分为核心区和外围区，核心区自然是以杭州市余杭区良渚古城遗址为中心，面积约3.65万平方公里的环太湖地区。外围区，向北可扩展至江淮地区、宁镇地区，向南可达金衢盆地、宁绍地区。

目前，全国已经发现良渚文化遗址1000多处，光是杭嘉湖地区就发现了700多处。

良渚文明所在的环太湖地区，并不是只有良渚文化，

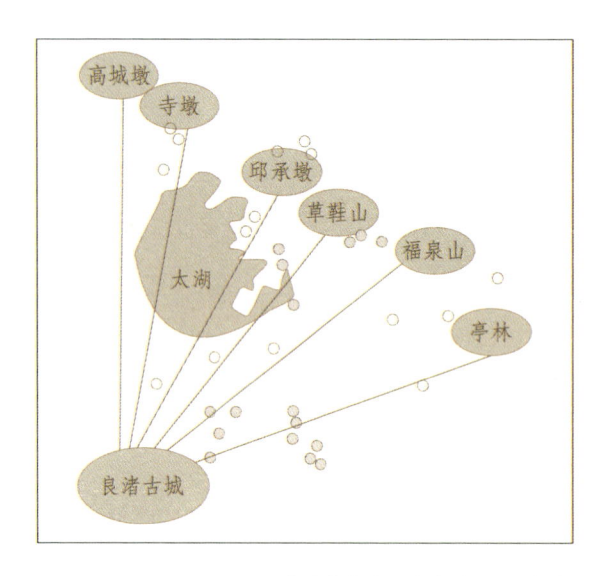

良渚文化在环太湖地区星罗棋布

马家浜文化	7000~6000
崧泽文化	6000~5300
良渚文化	5300~4300
钱山漾文化	4300~4100
广富林文化	4100~3800

良渚文化所在的环太湖地区，是一处具有自身特色的、序列清楚的文化区。

它的家族——专业术语是"文化发展序列"是这样的：马家浜文化—崧泽文化—良渚文化—钱山漾文化—广富林文化。

他们和良渚文化有血缘关系，但是大家的文化面貌差异很大。好比"爷爷"马家浜人年轻时穿的衣服，跟"我"良渚人现在穿的衣服，一看就是两个年代，但我们还是一脉的，一家人。我们"五代人"共同构成了本地区考古学文化的谱系。

石峁、陶寺文化		红山文化
马家窑文化		大汶口文化
齐家文化		龙山文化

新石器时代的中国，同时存在着众多文明，犹如满天星斗，而良渚是其中耀眼的一颗。

庙底沟文化		凌家滩文化
大地湾四期、秦王寨文化		
煤山文化		
屈家岭文化		崧泽文化
石家河文化		良渚文化

满天星斗中最闪耀的一颗

上下五千年,这个说法是怎么来的呢?

司马迁《史记》中黄帝列为五帝本纪之首,隐隐有五千年之意。到了后代,多有上下五千年的说法。比如明代胡应麟有诗:"上下五千年,纵横三万轴。"梁启超1922年在清华学校做了个《五千年史势鸟瞰》的演讲,五千年的说法就已流行。钱穆在《现代中国学术论衡》中也说:"中国亦历五千年而长存。"

那么,中华5000年文明的依据到底是什么?

根据我国传统历史文献,中国的文明都以统一的夏王朝作为开始。根据夏商周断代工程,夏代开始的年代被暂定为公元前2070年。

但是,由于处于晚商阶段的河南安阳殷墟发现了大量青铜器以及铭刻有文字的甲骨等遗物,因此,国际学术界一般都认为中华文明仅始于殷商时期,距今3300多年。

随着中华文明探源脚步的迈进,人们发现,中华文明诞生之初,中华大地上,就已经形成了许多强势的文化,不少已进入文明阶段,小"国"林立,群星璀璨,犹如"满天星斗"。但这一时期,面貌统一的中华文明还没有形成,我们可以称之为区域文明时代。

中华文明是以黄河流域和长江流域为中心形成了一个

大的文明体，是多个区域文明逐步融合的产物。比如较早的庙底沟文化、凌家滩文化、红山文化，稍晚的距今5000年前后的良渚文化、屈家岭文化、大汶口文化，更晚的龙山文化、石家河文化、煤山文化、齐家文化、陶寺文化等。

在距今5000年同时期的区域文明中，良渚文明的发育程度最高。良渚，是最闪耀的一颗星。

良渚文明有哪些特点？

从1936年至今，良渚文化的发现和研究历史已经走过80多年。考古学者揭示了良渚文明的特点和内涵，可以归纳为城市文明、玉器文明、稻作文明、土筑文明、水利文明、原始文字、礼制文明、宗教文明等。

这些特点怎么解读？

良渚的中心在良渚古城遗址，那是东亚最早具有早期国家形态的都城。规模宏大的古城、功能复杂的水利系统、等级分明的墓地（含祭坛）等一系列相关遗址，尤其是具有权力和信仰象征的玉器，还有"神徽"所统摄的精神信仰，都在回应一个声音——良渚是实证中华五千年

良渚文化遗址 VS 良渚遗址

良渚文化遗址是一个大圆，良渚遗址是其中一个小圆。

良渚文化遗址包括了整个环太湖流域苏南、浙北、上海的很多遗址点。比如上海青浦福泉山遗址、江苏武进寺墩遗址等。一共分为五个小区。

良渚遗址和良渚遗址群基本上可以说是一个概念，以杭州余杭良渚－瓶窑区域最为密集，实际上就是良渚古城、外围水利系统和郊区各类遗址的总和。

文明史的圣地，它足以与其他世界古老文明比肩。5000年前后，也正是古埃及文明、苏美尔文明、哈拉帕文明开始出现的年代，它们所处的尼罗河流域、两河流域及印度河流域，也同在北纬30°附近。

良渚文化是中国史前玉文化发展的最高峰。良渚玉器影响了同时期甚至更晚的周边文化。二里头、殷墟、三星堆、金沙等许多夏商周时期的遗址中，也都发现了源自良渚文化的玉琮、玉璧等。从良渚到商周，正是中华文明从多元走向一体，连续不断，逐步汇聚的过程。直到现在，我们的文化因子里，依然有玉。"玉女"，是对女孩子的最高评价；连死，也要说"宁为玉碎，不为瓦全"。

对于这座城，这个王国，我们没有任何记忆。然而，历史的一大步，是从考古人的一小铲、一小块石头开始的。原来，江南，有良渚。五千年，近在眼前。

> 小课堂

关于文化

"文化"一词,在考古学上有专门的含义。如"××文化","××"一般是第一次发现考古遗址的地名;而"文化",专门指在考古发现中,属于同一时代,一定区域范围内分布的具有共同文化特性的一群遗址。

良渚遗址有一点特殊。它发现于1936年,但是当时被认为属于山东龙山文化,所以没有单独命名考古学文化。之后几十年间,除了杭州余杭良渚、瓶窑镇外,在上海、江苏等地都发现了很多具有类似文化面貌的遗址。因此1959年夏鼐先生认为应该从山东龙山文化中给它拎出来,单独命名。

所以,"良渚文化"的含义是:1.施昕更先生最早的发掘地在浙江杭州余杭"良渚",就以"良渚"来命名这一文化。2.这个文化的遗址点分布在长江三角洲太湖平原这个特定地区。3.这个文化存在于距今5300~4300年这个历史时期。

小课堂

关于文明

考古学上说的"文明",也有特定含义,指的是一种"文化"的社会形态已发展到了较高的阶段——"文明"阶段。但是判断"文明"的标准和要素,过去和现在不太一样。20世纪,考古学家和社会公众常常拿城市、文字、青铜器等几个教条式标准来判断一个社会是否进入文明阶段,但近二三十年来大量国内外的考古成果显示这样的判断标准过于简单粗暴。

根据2018年"中华文明探源工程"总结,中国考古学家最新归纳出中华文明的四大特征:农业和手工业的发展基础;社会阶层、社会成员明显分化的现象出现;中心性城市的出现;大型建筑的修建。这就和以往学术界提出的界定文明的标准有所不同。

如今学术界已普遍认为,良渚文明,是中国第一个成熟文明和早期国家。良渚文明对中华文明形成产生了巨大的影响。上下五千年,现在我们有了一个实证。

5000年的江南水乡

2010年,考古学家对良渚古城水利系统中一条水坝的建筑材料(草裹泥)上提取的草茎遗存进行^{14}C年代学检测,检测出^{14}C的残留量约为初始量的55.2%,能否以此推断此水坝大概是什么年代建成的?

5000年前的良渚人一定没想到,自己的发明被写进了全国中小学教材《高一数学》的一道数学题里。

水 利

草裹泥,述说着良渚人另一个不亚于修建古城的伟大工程,也透露出5000年前先人的智慧。

2009年9月中旬,村民上报,良渚古城西北面的彭公村岗公岭有人"盗墓"。因为人为挖山取土,岗公岭发现了人工堆筑遗迹。

回到数学题里的日子,2010年1月,多雨。

连日雨水的冲刷,彭公岗公岭的地面和断坎暴露出大片草茎。如果不是这天的雨特别大，这根关键的草茎可能还露不出来。

这些草保存相当好，考古队员可以用手把每块草包泥掰开。草呈黄褐色，夹杂一些蓝色，很快氧化成黑褐色，可以分出一根一根的草茎。仔细观察发现，每一包的草茎都是顺向分布的，并没有相互经纬交叠，说明这不是编织过的草袋，而是用成束的草包裹的淤泥。

这是良渚人在修建大型工程时，创造的一种特殊建筑材料。

公布一下开头这道高中数学题的答案：草裹泥的草，经过 ^{14}C 测年法计算，距今 5100～4700 年之间，属于良渚文化早中期。

岗公岭草裹泥暴露情形

5000 年的江南水乡

△ 1 | 2
1. 老虎岭坝体中的草裹泥分区情形（白色细线就是烂掉的草）

2. 草裹泥

在如今老虎岭水坝剖面上，我们能清晰看到一块一块垄状的分层，这便是草裹泥，也叫草包泥，类似现在抗洪抢险时，我们用编织袋装土筑坝工艺，采用纵横交错的方式堆筑。

它的材料是什么？

良渚人的家，就在沼泽地边，沼泽下面是淤泥，上面长着芦、荻、茅草。而芦荻的开花期，是在秋冬，这也是农闲时节，说明良渚人在农事活动比较少的秋冬季节，准备各种材料，也不耽误农业生产。他们利用沼泽取土，用茅荻包裹后，再用竹条绑扎，就做成了一个个完整的草包泥。

因地制宜，就近取材。相比单纯挑土、堆土，以草包泥为建材，虽然多了一个提前准备的工作步骤，却更省时省力。草裹泥体量很小，可

—017—

塑性好，与草茎贴合紧密，所以堆垒后，不会漏水，能提高坝体的强度。

这种材料，在莫角山土台和水坝等大型建筑工程中，都有发现。而在钟家港河道和蜜蜂垄水坝的基槽填土中，发现了木舌———一种铲形工具，良渚人就是用它来挖取淤泥，制作草裹泥。

草裹泥的运输，主要依靠水运，发现了独木舟和竹筏的茅山遗址就在不远处，良渚人应当用竹筏运送草裹泥。

水坝上每块草裹泥，经过推算，大约是一个船次的运输量。一船草裹泥运送到位后，制作、运输、堆筑同时进行。眼前出现了一幅组织严密、协同合作、管理有序的劳动场景，足以见得古城的营建，有着统一的规划和设计。

早在20世纪90年代，考古人员就发现了良渚水利系统的第一条水坝——塘山遗址，位于良渚遗址群西北部，长6公里，能挡住古城背面从大遮山冲下的山洪，将水引向西边，好让古城直接避开山洪的侵袭。

"草裹泥"制作流程复原

5000年的江南水乡

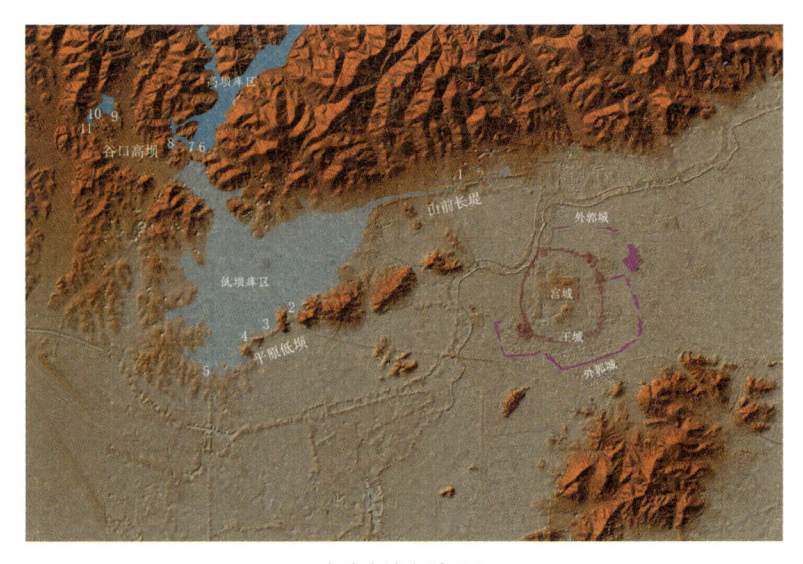

良渚古城水利系统

良渚人想得很周到，根据海拔高低，这些水坝分成了两道防护体系：高坝和低坝。高坝主要建在山与山之间的谷口，封堵山谷里的水。低坝把平原上的孤丘连接起来，它围护的地方，是一片巨大的低洼地，可形成面积达9平方公里的二级库区。

它从西到东分成三段。东西段都为单层坝体，而中段则为双层坝体结构，北坝和南坝有着二三十米宽的稳定间距，并且保持同步转折。浙江省文物考古研究所研究员王宁远说，最初，关于塘山有两种观点，一种认为是拦洪坝，一种认为可能是良渚遗址的城墙。如今，水利专家有了最新观点。

这是一种非常精密的控水结构。

水利专家看见后，觉得非常惊讶，5000年前的设计已经超出了他们的想象。

山洪来了，流经这个"机关"，相当于蓄在一个比较缓的水柜里。水势减弱后，泥沙就沉了下去，人们就能疏浚此地的泥沙，水路畅通，可以保证整个水利系统不会被淤死。

之后的发掘和研究，并没有太大的进展，直到岗公岭的偶然事件，2009—2010年，经过勘探，陆续确认了6条高坝。2011—2012年，考古队员王宁远观看卫星图片，意外发现了低坝，从而揭示出水利系统的完整结构。在良渚古城西北部和北部10公里处，存在一个规模宏大的治水体系，与塘山遗址共同组成了良渚古城外围水利系统，目前共发现11条水坝，在2015年正式发掘。

中国水利史的第一课，都是从大禹治水讲起的，距今4100年到4000年间。可惜，一直没有发现实物或遗迹。之前现存最早的大型水利工程遗迹，则晚到春秋和战国时期，比如都江堰。而良渚水利设施比大禹治水还早1000年。这是同时期世界上规模最大的水坝系统，也是同时期规模最大的公共工程，控制范围达到了100平方公里，堪称"世界第一坝"。

水坝的堆筑工艺和良渚古城莫角山土台如出一辙。测年数据显示距今5100～4700年之间，属于良渚文化早中期，与莫角山土台的始建年代、反山王陵的年代基本一致，这也再次证实了水利系统属于良渚古城的组成部分。

防　洪

经过勘探，考古队员发现，大坝上的草裹泥，全都放在接近迎水面的位置，也就是靠近洪水受力比较大的位置，抗洪的作用，一目了然。

良渚人想得很周到，根据海拔高低，这些水坝分成了两道防护体系：高坝和低坝。高坝主要建在山与山之间的谷口，封堵山谷里的水。低坝把平原上的孤丘连接起来，它围护的地方，是一片巨大的低洼地，可形成面积达9平方公里的二级库区。通过高低两级水坝，可将大量来水蓄留在山谷和低地内，解除洪水的威胁。

那么，这些水坝在实际生活中能不能起作用？

中国社科院考古所的专家刘建国、王辉通过地理信息系统（GIS）工具对高坝系统进行分析，发现这些坝体大致可以阻挡短期内870毫米的连续降水，相当于本地区降水量百年一遇的标准。

良渚人造坝，不光为了防洪，还有很重要的功能：运输、生活用水、灌溉，为日常生产生活服务。

天目山可以为良渚人提供丰富的石料、木材及其他动植物资源，但是，如果要用船运，这里的先天条件并不好。

与平原区发达密布的水网不同，这里山谷陡峭，降水季节性明显，夏天山洪暴发，冬天则可能断流，所以很多

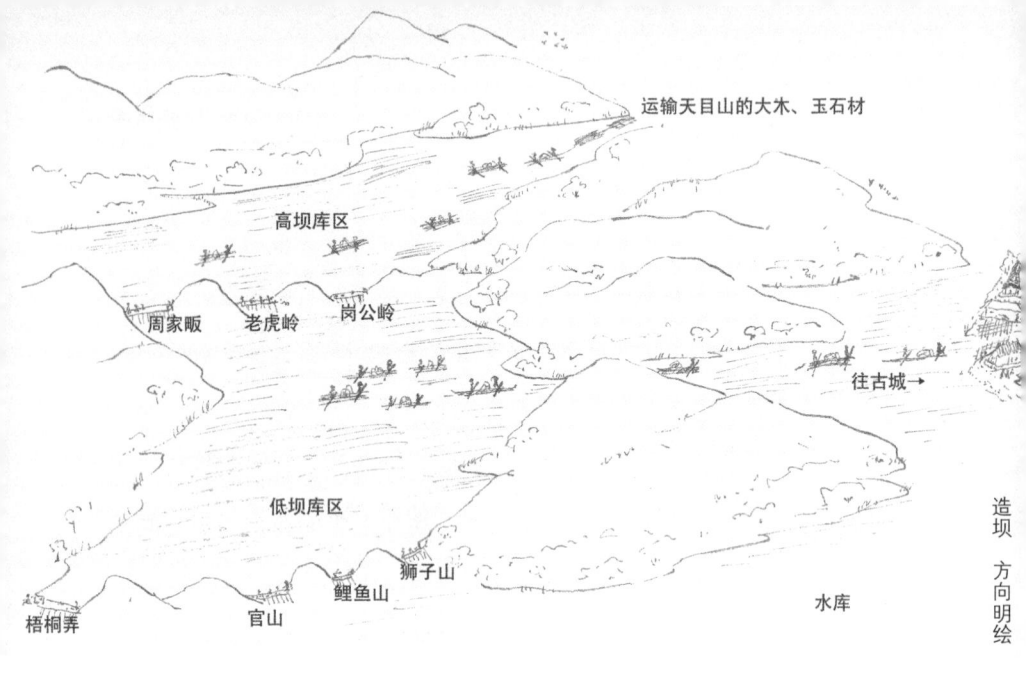

时候其实不具备行船的条件。但智慧的良渚人，拥有强大的改造能力。

筑坝，可以蓄水，它所产生的库区，可以形成连接多个山谷的水上交通运输网络。有专家做过测算：像高坝系统的岗公岭、老虎岭等，满水时，可以沿着山谷航行上溯3000米左右。

考古学家估算过，水利系统的库区面积相当于两个杭州西湖，蓄水量相当于三个西湖。

你能感受到，这背后的设计者、领头人，需要多么强大复杂的社会组织、人员管理能力，才能完成如此庞大的国家工程，他可称为良渚的大禹。

水利系统的确认，再次证实良渚古城具有完整的都城结构,由内而外依次为宫城、王城、外郭城和外围水利系统。这也再次佐证了良渚王国的管理机构和社会之复杂,彻底改变了我们对于5000年前社会的认识:当时国家已出现,文明已高度发达。

看到良渚人治水的聪明才智,长期雄踞"治水第一人"的大禹先生,服不服气?

中国水利史,传说是从大禹和他老爸鲧开始讲的,距今4100年到4000年。而良渚文化则是距今5300~4300年左右。所以,可以想象:大禹也曾经吸取了良渚人的治水经验。

良渚人的治水经验,应该在治水传说系统中留有痕迹,比如体现在鲧和水神共工的治水上面。

不过,这两个人居然都失败了。

《国语·周语》里有段话:"昔共工弃是道也,虞于湛乐,淫失其身,欲壅防百川,堕高堙庳,以害天下。"而"壅防百川,堕高堙庳",这八个字就是失败原因。

从良渚古城的水利系统看,山谷间的多条高坝,为单纯的截水坝,南部的低坝也以把西北山地的来水留在洼地内为设计目标,这就是"壅防"。而良渚时期人工搭的土台,也就是良渚人的房子,基本上都建在沼泽之内,就是"堙庳"了。

良渚人的经验到了共工为什么就行不通了呢？因为不懂变通啊。

大禹时代，当时的洪水并非局部天气灾害引起，而是由于全球性气候变化导致海平面上升，平原河道出水不畅，形成逆流。所以，良渚人在沼泽平原上摸索出来的这套治水系统，被鲧照搬到没有海塘防护海拔较高的中原地区，根本就是无效劳动，当然"害天下"啦。而大禹采取了堵疏结合，就成功了。

水　城

复旦大学教授高蒙河曾说，在水坝这个重大发现的意义里，应该再加一句：堤坝设计建筑，代表了当时大型堆筑水利结构的最高水平。

那么，我们来看看"当时"——

如今的良渚古城　史鲁杭　摄

　　跟良渚古城同龄的小伙伴，就是埃及金字塔了，都在距今5300年到4300年之间。而古埃及的水利系统主要是运河和蓄水池，与良渚古城的水坝并没有可比性。所以就防水坝来讲，目前世界上没有比良渚人更早的了。

　　在国际学术界，许多专家都把大型水利工程和文明的产生、国家的形成联系起来。比如马克思，他认为，治水工程为代表的大型公共工程和文明的产生有密切关系。还有一位历史学家魏特夫，说得更绝对：治水是导致文明产生的直接动因。

　　治水需要一个总设计师，治水，就是一个共同协作而呈现的文明。

　　那么，5000多年前我们家门口的水利工程，跟我们的生活又有什么关系？

　　要知道，良渚人生活的太湖平原是一个水旱灾害频繁的地区。

但是良渚人很聪明，把房子建高一点，堆土墩子，一来不会被水淹，更重要的是，堆墩所需的土方，挖出来形成了河道、池塘，河网密集，水稻就能种在村子周围。

这个模式，就是考古学家所说的散点状密集分布的小聚落。我们可以想象一幅悠然的生活场景——古城居民聚居在人工堆筑起来的高地上，旁为水道，舟筏出入。如此临河而居，类似于现在乌镇、周庄这样的江南水乡生活模式，5000年来从未改变。

凡井水处，皆有良渚人。

除了沿着城墙的城河之外，考古队员在良渚古城内共发现古河道51条，这些河道以及内外城河绝大多数为人工开挖而成。河道宽度一般10～50米，深度一般2～4米，构成了完整的纵横交错的水路交通系统，整个良渚古城就是一座水城。

美人地，位于良渚古城东城墙东北部，在城墙和外城之间，高出周边农田1～2米。考古队员对它进行了解剖，发现了制作考究的两条长方形居住台地，中间是古河道。河岸边上，还有大型的板桩构造，形成了人工的垂直河岸。这样，船只便可以直接靠泊在岸边，这就是我们现在很熟悉的江南水乡居住模式最早的形态。

5000多年，我们还在使用先人留下的河道，不过，一叶扁舟，悠然而过，早已不是我们的主流生活。但舟船，却是古良渚人最主要的交通工具。

2010年，茅山遗址发现了一条良渚文化时期的独木舟，和如今的独木舟样子差不多，全长7.35米、最宽0.45米。这是良渚文化首次发现独木舟，也是目前国内考古发掘出土中最长、最完整的史前独木舟，距今5000年。

出土之后，这条独木舟一直躺在浙江余杭临平一间厂房里进行保护。此前，它已经完成了脱盐工作，工作人员还要为它做脱水、修复等处理。

有船，有木桨，代表了码头的存在。

卞家山遗址的周围，发现了遗落的木桨。而在这个聚落的南部水岸处，发现了140多根木桩。粗粗的木桩，底部削尖，插入原河道的淤积土中，顶部应该架着水平分布的横木。

茅山遗址出土的独木舟

卞家山码头分两部分，一部分是沿岸的埠头，由三排并列的木桩支撑，一部分是外伸的栈桥，以大致等距的横排木桩为桥墩，两者呈L形分布。

两者结合，便构成了一处水运码头。可见，当时良渚人考究、标准化的生产和生活场景，不像我们过去想象中，以为原始人的生活总是落后的。

△ 1 卞家山木桨
— 2 卞家山木桩

城墙上的日子

杭州市余杭区中部，跨域瓶窑、良渚两镇，有一个明显起伏的高台地，这里曾是一个著名的水果基地——大观山果园，1958年建立，种满了果树，以粉色的桃树最多。

根据王明达先生的笔记，1977年10月11日下午，苏秉琦先生、吴汝祚先生、杨鸿勋先生来杭州。10月31日中午，严文明先生也到了杭州。11月1日，下雨停工，严先生上午看库房，下午、晚上座谈。

牟永抗先生向省文物局借来一辆北京二型吉普，陪着他们去良渚实地考察，经过荀山、钟家村等地点。

他们坐在大观山果园的草地上休息，吉普停104国道边上。

那段著名的谈话，此前被演绎过多个版本，实际发生在这里。

苏先生问："你说良渚这个遗址怎么样？"

"很大，但是一下子看不很清楚。"严先生回答。

苏秉琦有所感："古代的杭州，就在这里。"

严文明接着说："我看很像是良渚文化的中心。打一个不恰当的比方，假如良渚文化是一个国家，良渚遗址就应当是它的首都。"

眼前的这片果园，两位老先生也仔细地踏查过，可惜一块陶片都没有找到。

宫　殿

1992年，果园之下二三十厘米，发现了良渚古城最核心的宫殿区——莫角山遗址。

5000年前，这里王侯聚集，地位显赫。

当年，种果树的工人就觉得奇怪，这里要刮去的土特别多。后来人们才知道，大观山果园是一个高高的长方形土台子，竟然全部由人工堆筑而成。

在良渚博物院展厅里，一幅艺术家创作的油画复原了那个现场。一望无际的沼泽地中，王和贵族站在高处指点江山，人们在宽阔的河道上，划着舟筏，运着石头、泥土、粮食。他们要在这个盆地的中央，垒起一座高台。

因地制宜，就地取材，变废为宝，古人之所长。人们从看似无用的沼泽地里挖了很多青淤泥，取土后，原本的沼泽地就变成了人工水面，可以和河流连通。挖青淤泥

城墙上的日子

大莫角山台基复原图

大莫角山 2 号房屋基址复原图

有什么用？把山体东部的低洼地填高，人工堆筑层达到10～12米，这就形成了土台子的基础。然后，人们再采用山上的黄土，继续堆高，一块一块呈块垄状。整个台基顶部的平均高度有12米，而台基西部利用了部分自然山体，人工再堆高2～6米。

考古学家算过，整个莫角山土台的人工堆筑方量，达到了228万立方米，而埃及的胡夫大金字塔的石方量为252万立方米，比莫角山大，但它距今4700年，比莫角山年代晚。所以，在5000年前，莫角山土台是全世界规模最大的单体建筑工程。

紧接着，他们要在这个土台上再建三个"品"字形的小土台，也就是三座宫殿基址——大莫角山、小莫角山、乌龟山，再在上面建好几座宫殿。

2011—2016年，考古队员对莫角山遗址进行了持续发掘，几乎摸清了良渚古城基本功能结构，它们目前都保存完好，与北方平原地区不同，它们都以地面堆筑模式营建。

莫角山宫殿区，位于古城的正中心，占据了古城1/10的面积，也是目前规模最大的史前宫殿区，面积近30万平方米，远远超过年代更晚的龙山时代的石峁、陶寺和夏代二里头的宫殿区或宫城，堪称中国最早的"紫禁城"。

如今的小莫角山遗址　史鲁杭　摄

那么，王住在哪个宫里？

清晨傍晚，晨曦落日，这是大莫角山最美的两个时候。站在高台台顶，整个宫殿区地势最高的地方，也是城内的制高点，总面积有2万平方米。古城内外，大遮山与大雄山尽收眼底。君临天下之感，扑面而来，这应是王者才能拥有的统治者视野，体现了王者居中居高的特点，在后世中国历史时期，大多数都城遗址也处于"C位"。

王可能就住在这里。他的宫殿很大，办公、居住、娱乐，自然要分开。大莫角山顶上，发现了7座300到900平方米的高台式房屋基址，南北两排，北边3个房子，南边4个房子，还有直径超过1米的柱洞，最大的那座房基，有940平方米。你可以把它想象成故宫太和殿，太和殿的

—033—

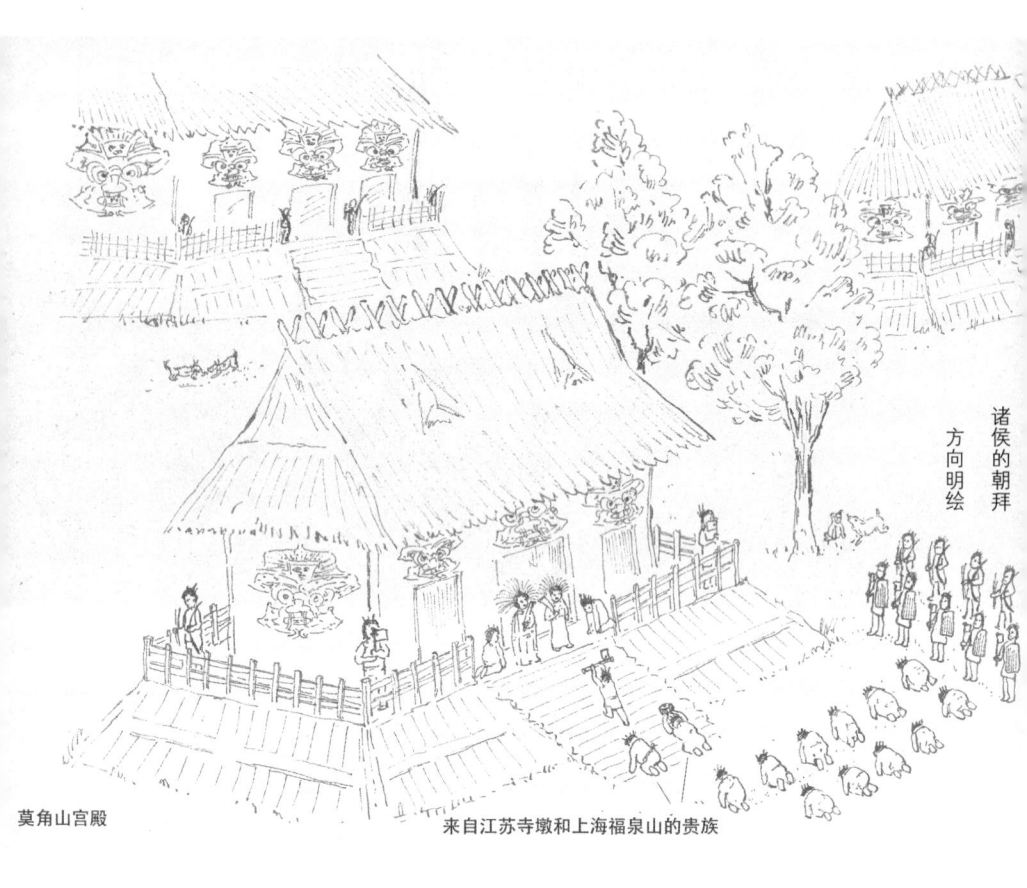

莫角山宫殿　　　　　来自江苏寺墩和上海福泉山的贵族　　诸侯的朝拜　方向明绘

面积为2377平方米。但5000年前，良渚人就已经能建造这么大的宫殿建筑。

小莫角山，是面积最小的宫殿台基，发现了4个房屋基址。而乌龟山上因历年来的人为破坏，顶部没有发现房子等遗迹。

遗憾的是，木结构建筑不易保存，辉煌的宫殿早已灰飞烟灭，但我们可以根据这些遗迹，复原出宫殿的样子，依旧可以感受到一个存在于距今5300年到4300年之间的古代王国，曾经何等辉煌。

除了三座宫殿基址，还有一片可以跳"广场舞"的大型户外活动广场，有7万多平方米，位于宫殿区中部，三个土台之间，我们叫它沙土广场。

一层沙、一层泥，良渚人用这样层叠相间的方式夯筑广场。沙土，主要取自河沙，掺了泥土和石头颗粒，夯筑后的地面质地坚硬。5000年前，人们就是在这里祭拜心中的神灵，仰望高处的那位君王。

城墙上的日子

江南风景好，人也越来越多，怎么解决住房问题？

在城里，人们自己堆筑台地，作为生活住房，也作为死后的往生地，其他相对较低的地块，都是水域和沼泽地。

刚开始，城内的台地很少，河道较多，据勘探，这些河道以及内外城河绝大多数为人工开挖而成，总长度达31562米。

但是，那时候的人还没有强烈的环保意识，人们不断往河里倒生活垃圾，河道淤塞，住处变得越来越窄。

办法总是有的。

为了扩大居住用地，人们在淤塞的河道上继续堆筑黄土，形成新的生活区。因此，到了良渚晚期，城内的河道少了很多，居住地范围则大大扩增。

到了更晚的时候,城内的生活空间已经完全不够用了,得搬家。

搬哪儿?城墙上。

此时,原本作为城内外"保护屏"的城墙功能开始丧失,四面城墙也逐渐变成了住地,人们不断往城墙边倾倒生活垃圾,在上面堆土扩展住房面积。久而久之,一些地方的城墙变得越来越宽。

良渚人的城墙,保存最好的部分高约4米,宽约20～150米,宽度惊人,打造"湖景房",完全没问题。

火溪塘遗址是北城墙东部的一个缺口,正是水城门所在。城门上部发现了一口良渚晚期的水井,正方形,四边还残存木井栏痕迹,里面放着罐、壶、尊、豆等陶器。

证据确凿。城门淤塞后,人们住到了城墙上,喝水洗澡烧饭,城墙上的小日子,惬意。

之所以生活在城墙上,一是因为良渚古城的位置对于其他族群而言,是大后方,比较安全,所以不存在军事上的防卫体系。另一个原因,住在城墙上也是一种防卫。独居高处,大河波浪宽,风吹稻花香,有点水泊梁山的味道,进来挺不容易的,但景致非常好。

良渚人的城墙,既是防卫,更是一种生活方式。

城墙上共发现八座水城门,四面城墙各两座,另在南城墙中部发现陆城门一处。除南城墙无外城河外，其余三面城墙都有内外城河，经水门相接，形成夹河筑城的模式。

如今，城里的分布已经很清楚了——莫角山宫殿区以南，还有一个皇坟山遗址，最高处为八亩山台基，而且和可能是王住的大莫角山台基南北相对，推测这里也是一处宫殿。由此可知，良渚古城中部以莫角山和皇坟山等构成了宫殿群。

而莫角山宫殿区以西的土岗上，自北向南分布有反山王陵、姜家山和桑树头等贵族墓地。2007 年，直到良渚古城发现后，人们才发现，反山王陵就位于莫角山宫殿区的西北角。这座目前确认的良渚古城内唯一达到王陵级别的墓地，与王的宫殿不过一水之隔。

城外生活

城墙上也住满了怎么办？人们把目光放到城外，形成了外郭城，模式和城内差不多，一条高地，一条河。

我们来说说城外人的生活。

城墙之外，人们发现了更大范围的外郭城，由扁担山 - 和尚地、里山 - 郑村 - 高村、卞家山、东杨家村、西杨家村等长条形高地断续相连，围绕城墙分布。这些长框框也由良渚人堆筑而成，合围面积达到 8 平方千米。

看见 —— 良渚王国记事
5000年

三重结构的良渚古城

卞家山遗址出土的陶质屋顶模型

　　还没完，在这些长方框的居住地和城墙之间，良渚人还要"填空"，"缝隙"里分布着美人地、钟家村、周村等长条形的居住地，都在沼泽上直接堆筑，底部并没有铺垫石块。

　　这又是严密规划过的，外郭城也成为了良渚古城的组成部分，使用年代为良渚文化晚期，这也说明古城的发展是动态的。

　　城外人的生活质量，跟城里人相比，怎么样？

　　先看房子。卞家山遗址出土了一座陶质房屋模型的屋顶部分，显示出四面坡的结构。再看海盐仙坛庙遗址出土的一件器盖，内壁刻画的正是房屋图案，显示出高台房屋的完整造型。

生活质量呢？

她的墓，空空如也，一个没有随葬品的女人，一个普通的女人，在良渚时期属于等级较低的平民。

这是卞家山遗址发现的一座编号为M49的墓，保留了一具女性骨架，环太湖地区良渚文明得以保存下来的人骨少之又少，她的"出现"，太珍贵了。

卞家山49号墓女性骨架

卞家山一开始是长条形的村落，到了晚期成为良渚古城外郭体系，是外郭城南墙的主体。这处良渚文化墓葬，沿用时间很长，几乎贯穿整个良渚文化早晚期，是一座平民墓，平均每个墓只有7件随葬品，而且玉器多为装饰品，没有代表身份等级的重器"玉礼器"。普通平民墓中主要以陶器随葬，制作也不规则，是专门用来陪葬的明器。

住在外城的人，做什么工作？属于外郭城的文家山遗址，发现了二十多件石质钻芯。从出土遗物分析，外郭城范围应该是主要的手工业作坊区。

从最中心面积约 30 万平方米的皇城——莫角山宫殿区，到其外分别为面积约 300 万平方米的内城，以及面积约 630 万平方米的外城，堆筑高度也由内而外逐次降低，显示出明显的等级差异。

王城、内城、外城这三重格局，与后世都城，比如我们熟悉的明清北京城"宫城、皇城、外城"的三重结构体系类似。

根据不完全统计，埃及吉萨金字塔土石方量为 504 万立方米，整个良渚古城及外围水利系统的土石方总量达到 1005 万立方米，还不包括良渚晚期才兴建起来的外郭城。

根据考古专家的估算，良渚古城住了约 2 万人口。假设参与工程建设的人数为 1 万人，再减掉杭州古今著名的雨季，以每年农闲时间参与古城建设 100 个工作日计算，则 1 万人完成土石方的时间，需要 27.5 年。

因此，良渚古城系统应该是一个经历几十年建设过程的庞大工程系统，不是一代人能完成的。修建这么一个庞大的工程，需要高度集权和分化的社会组织才能完成，无疑是良渚文明进入国家社会的重要标志。

可以说，良渚人创造的规模庞大的城市系统，是中国乃至东亚地区早期城市规划的典范，是中国最早的三重城市格局，在中国城市建设史上具有重要的开创意义。以6.3平方公里的外城计算，它的占地规模一直领先了1500年，直到3500年前后才被郑州商城超越。

识骨寻踪

良渚人是吃货。

虽然他们的主食是白米饭，但如果只是"饭稻羹鱼"，肯定会营养不足。毕竟，白天要修宫殿造水坝，高端手工业者还要大量脑力设计制作玉器，身体不好，眼睛要花的。

吃什么，用什么，选择什么样的"生业方式"，跟人的需求有很大关系，我们现在也一样。饮食均衡，荤素搭配，健康生活，良渚人早就懂得这个道理。他们通过狩猎、捕捞、采集等方式作为食物补充，饲猪狩鹿，无肉不欢。

在良渚文化遗址里，通过分析遗存的动物骨骼，动物考古学家目前发现了44个种属的动物遗存。

海鲜大餐：田螺、方形环棱螺、梨形环棱螺、牡蛎；光是蚌，就有帆蚌、圆顶珠蚌、中国尖脊蚌、扭蚌、鱼尾楔蚌、矛蚌、背瘤丽蚌；河蚬、文蛤、青蛤、毛蚶；

鲨鱼、鲤鱼、青鱼、草鱼、鲶鱼、鲻鱼（杭州人熟悉的钱塘江鲻鱼）、黄颡鱼（就是汪刺鱼啦）、乌鳢（就是黑鱼，很好吃的那种)；

我们比较熟悉的：黄斑巨鳖、中华草龟、环颈雉、大雁、野鸭、鹤、鹰、红面猴、鼠、狗、虎、水獭、野猪、家猪、麂、獐、水鹿、梅花鹿、麋鹿、圣水牛、亚洲象。

哪种动物最多？猪。

良渚文化绝大多数遗址里，猪骨头占到了所有哺乳动物总数的80%以上，卞家山、钟家港最多，接近90%。家猪是当时良渚人的主流肉食资源。而且，这些猪不是养在城内的，是从四面八方运过来的。

家猪排第一位，第二位是鹿类野生动物。鸟类很少，还不到1%，和哺乳动物一比，小巫见大巫。

钟家港古河道遗址里发现过数十件黄斑巨鳖的腹甲遗存，这是目前世界上最大的一种龟鳖类动物，中国境内的野生种已经灭绝了，此前在苏州动物园还有最后两只。可是，2019年4月13日，那只雌性"太太"不幸去世了，如今中国只剩下一只雄性黄斑巨鳖，已经是100岁左右的"老爷爷"了。至此，全世界也只剩下3只，除了中国这只，还有两只在越南。

良渚人的家养动物，目前只发现了猪和狗，当时存在饲养家猪为主的饲养业。

而我们认为应该蛮普遍的作为家畜的马、羊、鸡，目前在良渚文化时期的浙江境内，并未发现。

这也蛮奇怪的。比如家鸡，是全世界最普遍的禽类，养鸡太容易了。但是，良渚时期恰恰没有发现一根鸡骨头。目前最早出土家鸡的遗址是商代安阳殷墟遗址。而此前曾有一些研究出过乌龙事件，把鸡和雉搞混了，造成史前遗址家鸡遍布中华大地的错觉。

这3种驯化动物，是从其他地区传入的，根据现在的研究成果，马、羊从西亚逐渐传入黄河流域，羊在距今4000年的龙山时期才传入中国北方。良渚先民真的没吃过羊，浙江地区最早出现羊，得等到宋代。只有河姆渡遗址才出现过羊的近亲——苏门羚。而鸡则从西南亚起源。

物尽其用，是良渚人的特点。毕竟生活条件有限，除了吃，动物身上的各种资源，都要广泛利用起来。动物的骨骼、牙齿和角可以制成各种装饰品、生活用品或者实用工具。所以，我们在动物骨头上能看到各种人工痕迹，锯、砸、砍、劈、烧、磨、钻孔、刻画，等等。什么骨头适合做什么装饰品或者工具，良渚人是有选择的。一般用大型哺乳动物的长骨制作簪、锥、镞等。比如鹿角一般做锥，而它们的牙齿穿孔或者加工就成了很美的装饰品。这说明良渚人长期对动物进行观察，他们对于骨器的加工，已经有了相对标准化的生产流程。

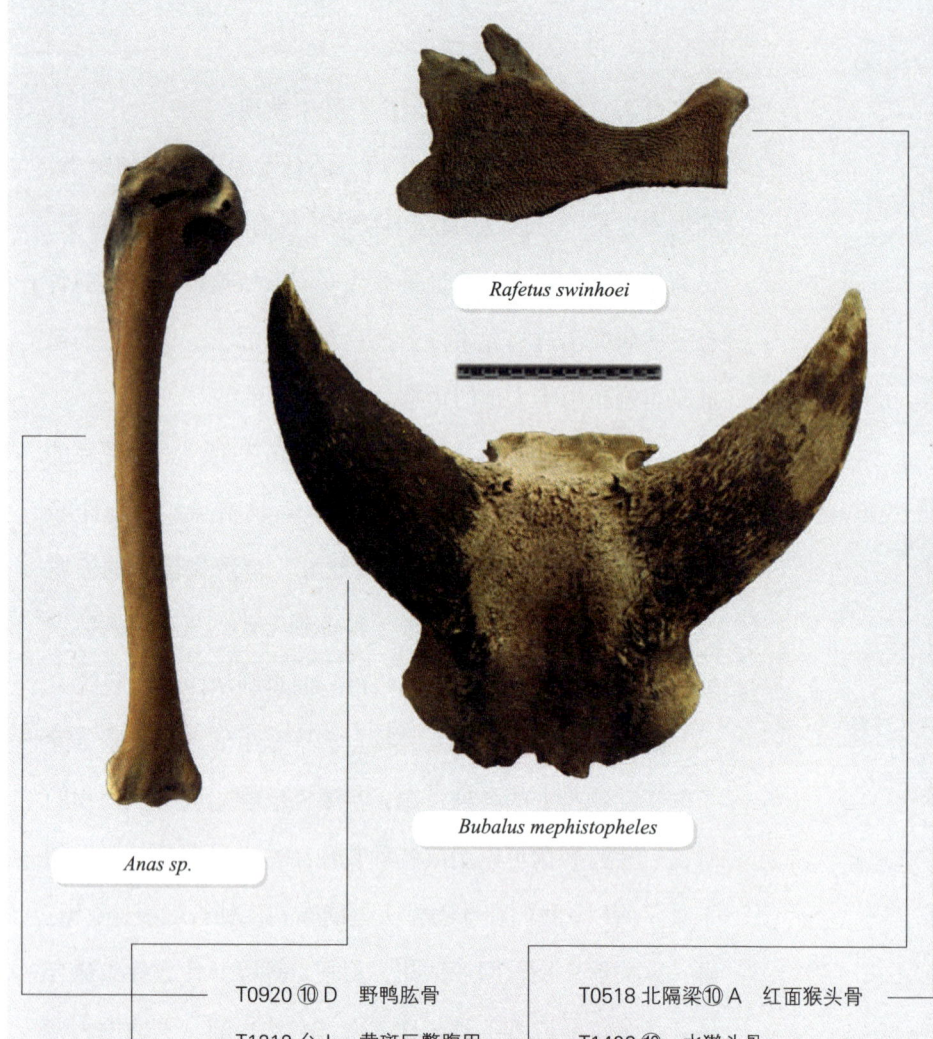

Rafetus swinhoei

Bubalus mephistopheles

Anas sp.

T0920 ⑩ D　野鸭肱骨

T1212 台 I　黄斑巨鳖腹甲

T3033 ⑤ D　圣水牛头骨

T0518 北隔梁⑩ A　红面猴头骨

T1406 ⑩　水獭头骨

T1020 台 II 下　狗下颌骨

① T2633 ⑦ B　鲨鱼牙

② T2633 ⑥ C　草鱼咽齿

③ T2833 ⑦ D　梅花鹿右侧胫骨

④ T2335 ⑥ C　虎右侧肱骨

Canis familaris

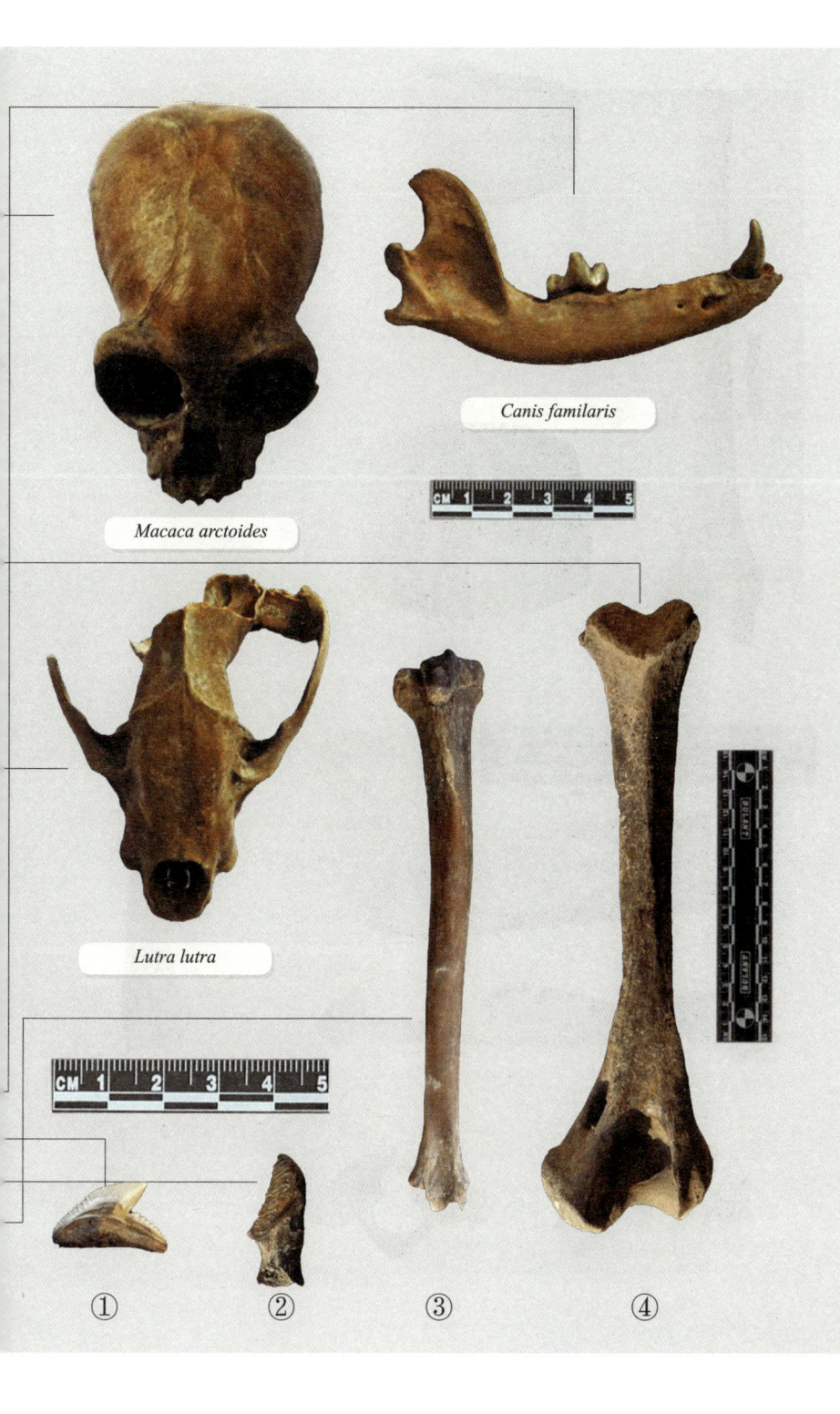

Macaca arctoides

Lutra lutra

① ② ③ ④

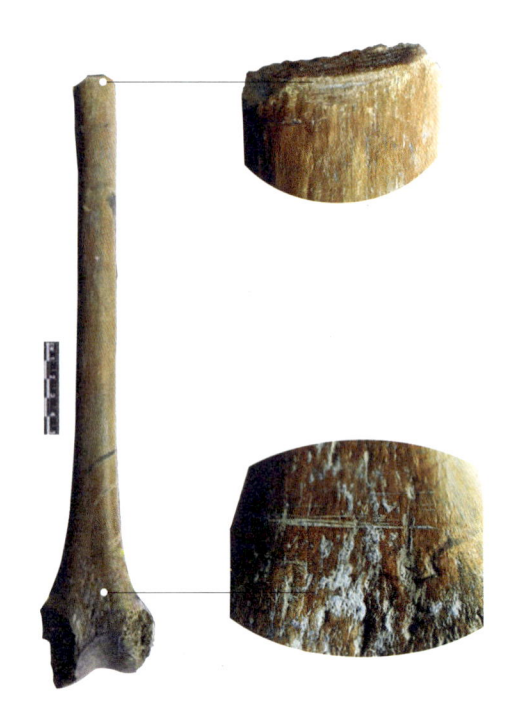

1. 钟家港出土的人左侧股骨

2、3、4. 钟家港出土的动物和人类骨骼

识骨寻踪

和骨头打交道的考古人

　　海洋动物遗存目前只发现了几颗鲨鱼牙齿，从出土情况看属于工具或者装饰品类，可能从沿海地区流通过来。

　　良渚遗址里也出土过象牙制品，但是目前还没有发现过大象其他部位的骨头，虽然良渚当时的自然环境很适合大象生存，但还没法确定良渚古城有没有本土大象，也没法排除这个象牙制品是不是通过贸易或者其他渠道流通而来——良渚人的商贸，还没有发现线索。

　　这些良渚动物园里的秘密，都是宋姝这些年陆陆续续告诉我的。

　　她一直是我朋友圈的一股清流，别的姑娘在晒美食、美景、自拍，她晒的是各种骨头：头骨、齿骨、手骨……有一天去实验室，她正把泛着青白色的头骨、齿骨、脊椎，分门别类地装到透明袋里，写上标签：白骨鱼，全长31厘米，体长27厘米。

她不是法医，而是良渚第四代考古人，这个温柔的90后吉林姑娘，平时要跟各式各样的骨头打交道。

宋姝的工作很细碎，也很重要——她要和实验室的年轻人一点点搜集遗址中出土的骨骼遗存，建立标本库。如果在考古发掘现场出现了动物遗存，她会第一时间去现场取样。如果遇到比较大的骨头，先记下编号、探方号等基本信息，装在袋子里，带回实验室。比较细小的，比如鱼骨头、小型哺乳动物的牙齿，就要用5毫米孔径的筛子，淘洗筛出来。

为了研究鱼骨头，宋姝基本上把杭州市场上能买的鱼都买了，接下来就要向宁波扩展了。之前她在北方做动物考古研究，北方鱼的种类没有南方这么丰富，到了杭州以后，需要更多的资料积累。

做了那么多的标本，宋姝解锁了一个新技能：只要给她骨头，就能认出这是一条什么鱼。我们去烤鱼店吃饭，会先挑鲫鱼、草鱼、黑鱼。但有的店比较黑心，给你端上来的不是你挑的那条，因为鱼煮熟了都差不多嘛，谁知，眼前坐着一位比鱼还了解自己的动物考古学者。

实验室的柜子里，除了鱼骨头，还有遗址中发现的人骨和其他动物骨头。宋姝用科学的手段，形态分析、解剖学、病理学研究等等，从更多方面揭示良渚人的社会状况，还原他们当时的生活状态。

在工作台一侧的展示柜里，摆着几块钟家港遗址出土的人骨。看描述：人股骨（锯痕）、人头骨器皿（分割痕迹）。还有一个完整的头盖骨，后脑部位开了两个孔，显然是人为痕迹。死者的平均年龄都不大，普遍没超过30岁，有成年男性，还有几岁的小朋友，孩童大概占到5%至10%。

这些人到底是良渚人，还是从别的地方迁移过来的？

宋姝说，从人类学特征上来观察，他们基本上可以划到古华南人种的类型，但不一定是生活在良渚区域范围内的。有一部分人，生前营养不良，不是偶尔饿一两顿，而是在青少年成长过程中，生活条件长期得不到改善。这在骨头上体现得比较明显，骨质孔变疏，整个骨头状况很不好。

还有一部分骨头的关节部位上有些软骨疾病，也可说是关节炎，发展到一定程度，会在骨头上留下痕迹。这说明他们生前长期从事体力劳动，得了职业病。

宋姝之后会做一些同位素检测，看看骨头里的同位素是不是和当地的水土相对应。如果做牙齿，能知道这个人的出生地，因为牙齿一般是在很小的时候长齐的；而骨骼是在当时当地的环境中形成的，检测骨骼，大概就能知道他们后来迁徙到的地方。

舌尖上的神器

陶器，史前时代最常见的生活用品，也是良渚人的生活必需品。陶器易碎，更新换代快，所以考古学家通常用它来做标记，解读古代社会的发展演变。

当然，如果拿良渚的陶器跟玉器比，自然逊色不少，样子土里土气，而且黑不溜秋——良渚人喜欢黑陶。不像万年前浙江浦江上山文化，流行红陶。良渚人平时爱用的餐具主流色，就是时尚设计师的最爱：黑色。

良渚黑陶只是外面黑，所以也叫"黑皮陶"，胎体有灰色、米黄、浅褐色甚至红色。

所以，红陶也不是没有，只是少。比如平时良渚人烧饭煮菜用的鼎和甗（yǎn），部分是红陶。

餐具上的这层"高级黑"是怎么烧出来的？

有一种方法，叫"熏烟渗炭法"。良渚人先给陶器涂刷一层陶衣，再抛光。这件作品在陶窑里就快大功告成时，还有最后一记神来之笔——颜色到底好不好看，要看烧制

古城核心区内出土陶器

时陶窑里的"气氛"控制得好不好了。人们利用窑内产生的大量浓烟,让烟气里的炭慢慢渗进陶器里,最后,"熏"出一种亮亮的黑。

黑陶虽然颜色素,但胜在造型和花样多,设计师款大爆发。比如装饰,设计了各种纹路,还有镂空、戳点、彩绘等。

这是良渚人餐桌上的讲究,也是舌尖上的"顾问",诗酒花茶,样样皆有,人生得意。

美人地遗址出土的陶器残片上有神秘的刻纹

黑陶素颜，偶尔施粉黛，也不张扬，笑不露齿。

在良渚古城周边和贵族墓葬里，发现过一些良渚晚期的细刻纹陶器，行云流水，意趣盎然。细细波浪，隐隐龙髯；卷卷鸟纹，神之召唤。

良渚墓葬里大部分随葬的陶器是实用器，有的可能墓主人生前用过，有的是新的，没有使用痕迹，直接入土。小部分是明器。

良渚陶器的种类有二十多种，大致可以分为厨具、餐具、酒水器、收纳器，一应俱全。

良渚人用三只脚的陶器煮饭做菜，比如鼎、甗，功能相当于釜。因为要高温煮菜，所以良渚人专门用夹砂、夹蚌、夹炭的陶土来制作，耐火，还防裂。

不同造型，烧不同的东西，跟我们现在烹饪一样。比如大口浅腹的盆形鼎，内壁检测到很多动物脂肪酸，说明可能用来煮肉，而且大肚子的造型，也适合搅拌。

还有一种蒸锅，叫甗，专门用来蒸食物，也叫"隔档鼎"，里面有一圈隔档，隔档下沿还有一个注水孔，便于水蒸气缺失时加水，食物就放在"蒸架"（箅子）上。专家做过取样，隔板及内壁检出了动物和植物脂肪酸。

还有一种更高级的蒸锅组合，鼎上面放甗，通过鼎内的沸水把甗里的菜肉蒸熟。

至于餐具，豆、盆、圈足盘、簋（guǐ），等等，分别用来盛菜、汤、干果。尤其是盆、簋，一看就是煲汤用的，有子母口，有盖子，保温，不易洒。

良渚人真的会过日子，水酒器，花样更多。

比如双鼻壶在良渚文化里是一种特定的器物，可以装水，也可以装酒。而三足盉（hé）、匜（yí）、杯，可以组成一套茶具，适合仪式性的茶席。三足盉用来煮开水，匜分茶，再用杯子喝茶。

来说说酒。

考古学家牟永抗先生曾"劝告"考古所里的年轻人，做考古还是应该喝点酒。

确实，所里有好多考古学家酒量相当好，而研究良渚，不喝点酒恐怕不好有共鸣。

良渚文化遗址出土的袋足鬶（guī）、宽把杯、双鼻壶，可以构成一套完美的酒具。

先用袋足鬹温酒，怎么温呢？良渚人的想象力，对于有限生活条件的改造，比我们现代人要丰富。他们把酒倒进三只胖胖的腿里——袋足而且是空心的（跟它造型比较像的三足盉的三条腿是实心的），这是良渚人模仿下垂的动物乳房做的造型，一件充满了生命力的日常用品，它的外壁直接受火或者用炭火。这样温酒，容量大，又快。

酒温好了，不急着喝，得先分酒，跟我们喝红酒一样讲究。

宽把杯或许是用来分酒的杯子，也可以自饮自酌。最后，拿双鼻壶喝酒。研究良渚陶器的考古学家赵晔认为，双鼻壶和宽把杯是特制的器皿，而且大都带盖，专用于酒品的概率很大，盖上盖子可以保温，也可以不让酒精挥发。

说到酒，再闲话几句。

作为良渚人的前辈，距今9000年的上山文化义乌桥头遗址，发现了一只陶壶，考古学家把它送到了斯坦福大学去做检测研究，结果在陶壶上的残余物中发现了一种加热产生的糊

化淀粉，与"低温发酵的损伤特征相符"——这个专业术语，你可以理解为和酿酒的一种方法相符，也就是"原始米酒遗存"。9000年前，桥头人已经酿酒了，这只陶壶可能是中国最早的酒器。

前辈如此好酒，良渚人当然要继承传统，而且小酒得喝得更有仪式感。

过滤器出场了。

它长得很奇怪，让人一眼记住——设计师又赢了。

完整的过滤器包括盖子、过滤钵和过滤器三件套。1981年，良渚遗址群吴家埠遗址的灰坑里，第一次发现了这类器物，而且还是一只实用的过滤器，过滤钵底上有排列规整的19个小孔，还有一道隔板。

这么奇怪的一套，样子很像抽水马桶，专家推测是用

◁▷
1		
2	3	4

1. 三足盉
2. 双鼻壶
3. 袋足鬶
4. 宽把杯

来滤酒的，带酒糟的米酒或者果酒在过滤钵里过滤，就可以获得比较纯净的酒。如果再经过底钵内的隔板过滤，可以获得更加纯净的酒。

更奇怪的是，反山王陵里，只有22、23号墓各出土了一件，但两个墓的主人都是女人。这还不是个例，在良渚遗址群庙前遗址前两次发掘中，过滤器和女性随葬品玉璜、纺轮一起出现在墓里。之后很多资料也发现了同样的情况，可以说，它在女性墓里经常出现。

难道，这是一种有性别的酒具？良渚女人更擅长做酒？

过滤器只在良渚遗址群和周边临近地区出现，以良渚遗址群为主，在周边的嘉兴、苏南、上海见不到。过滤器最早可以追溯到良渚的"上一代"崧泽文化晚期，奇怪的是，良渚文化早期之后，这么有特色的酒具就消失了。

过滤器

种水稻的良渚人

一个稳固的国家，必须有经济基础。

作为中国目前发现的最早具备早期国家形态的文明，良渚人的生活水平怎么样？

长江中下游地区，是目前所知的稻作农业的原产地，稻谷驯化始于一万多年以前。

而良渚人的主食，就是稻米。

这是良渚文明区别于中国及世界其它文明的重要特征之一。稻作农业，是良渚文化发展的根基，是国之根本。

2010—2012年，为了全面了解莫角山宫殿区的土台堆筑过程，考古人员在宫殿区东侧的斜坡进行发掘，布了12个探方。

考古，除了考察土，还要考察古人留下的生活垃圾。

最典型的就是灰坑，这是一种遗迹，古人有意或者无意留下的生活遗物，相当于我们的垃圾桶，他们一般作为垃圾坑、窖穴、祭祀坑来用。

莫角山东坡发现了一个奇怪的灰坑，编号11，横跨4个探方，面积很大，里面发现了大量木炭、一堆黑乎乎的已经炭化的稻谷（米）、红烧土块、草木灰、草绳，以及灰烬。

你见过灰烬吗？眼前的一切，显然是被一场大火烧过后留下的遗物。

有机质在高温缺氧情况下，就会被"烧"成炭，这个过程就是"炭化"。不同的物质，所需要的温度和时间都不一样，大米的炭化温度在180℃~210℃，炭化后，像化石一样。如果在极干或者极湿的环境下，可以保存完好。

考古专家通过"浮选法"，就是洗土，把遗址中采集来的土倒入盛满水的容器里，炭化物比重小，会浮到水面上。

果然，大量的炭化稻谷（米）浮选了出来。其中有很多稻谷还没有脱壳，中间夹杂了很多穗柄，还有很多负责

炭化的稻谷

给米粒输送营养的小穗轴，一个小穗轴负责一粒大米的健康成长。

这并不是良渚人烧饭之后留下的残羹冷炙，而是还没有等到吃，就发生了一场火灾。

这堆炭化稻谷约2.4万斤，那么，这里曾经是良渚古城的一个国家粮仓吗？

稻谷旁边还发现了一截截绳子，和现在的麻绳很像，推测是用来捆扎的。

那天，宫殿区的粮仓失火了，这儿也不能再用了，良渚人清理烧毁的粮食，把它们当做垃圾倒在这里。

在古城宫殿区，这样的炭化稻谷堆积地点，不止莫角山宫殿区一个，目前城里发现了6处。其中，池中寺的粮仓最大。

2017年夏天，还是在古城里——莫角山以南，皇坟山和桑树头之间，一个叫做"池中寺"的台地，被证实为良渚时期人工堆筑而成，其中发现了两大片的炭化稻谷堆积，经过测算，居然超过了39万斤，也同样发现了捆扎绳。

这显然不可能是随意丢弃的垃圾。看它的周围环境，西侧和南侧是低洼水面，东侧是人工蓄水池，中间有一条人工堆筑的堤道。而且，这个人工蓄水池里没有生活垃圾，应该是城里一处重要的水源，附近居民的生活用水可以在这里解决，当然，万一隔壁粮仓发生火灾，也可以就地取用。

池中寺可能是良渚王国的大型粮仓，是古城居民的主要粮食来源。在这里布局大型粮仓，很合理，不能离居住地太远，又要考虑防火、防潮，离皇宫也不远，显然精心规划。

这样的发现，在中国同一时期的史前文化中，独一无二。

但奇怪的是，考古队员在古城遗址内外做过专门的良渚文化稻田的钻探和调查，并没有发现任何水稻田的迹象。

这说明，居住在城内的良渚人，很可能不耕种水稻，"城里人"并不从事农业生产。

城里住着哪些人？统治者，也就是王族、贵族，还有手工业者，他们平时不干农活。

城里如此巨大储备量的稻谷从哪儿来？

显然，这应该是由古城郊区的居民以及良渚遗址群以外的居民提供的。他们每天划着竹筏，为城里人送粮食。王要吃的大米饭，必须依赖城外人的生产。这必然产生类似贡赋的制度，也就意味着，它的背后，一定有某种强权，这也是进入早期国家阶段的表现。

这个王国有着鲜明的城乡分野，换言之，这是一座按照不同社会功能组织起来的城市。

种水稻的良渚人

茅山遗址发掘场景（北—南）

国营农场

大量的人口必然有发达的农业来支撑。城外的稻田在哪儿？

良渚古城核心区之外，分布着广阔的郊区。杭州余杭茅山遗址，是目前所知良渚文化里典型的村落，东距良渚古城约30千米的杭州临平一带，属于远郊。

茅山遗址发现了目前最大的良渚文化稻田，可能是良渚王国的国营农场。

坡上，地势比较高的茅山坡脚，是居住区、墓葬区等功能分区，坡下，就是稻田区。这为我们了解当时良渚小村落的农业生产和生活，提供了目前唯一能够直接描述的实例。

良渚文化中期的稻田，是条块状的，面积比较小，1平方米到40平方米不等，田块之间还分布着小河沟。

而到了良渚晚期，稻田的规模、面积和良渚人的生活理念明显提升。晚期的稻田面积为目前所见史前遗址中最大，约83亩。此前的条块状稻田已经发展成连片的大面积水稻田，田块面积在1000平方米左右。更重要的是，人们挖了一条东西向的河道，把生活区和稻田区隔开，可以蓄水、防洪排水、灌溉，还可以用于日常饮用，洗洗刷刷。为了耕作方便，他们还挖了两条灌溉水渠，三条灌溉河流穿稻田而过，把稻田"切"成了四大块完整区域。田埂（或小路）也更考究，发现了好多条。

良渚人种水稻的工具是什么？

他们使用成套农用工具，石犁、半月形石刀、石镰等，用于耕种，收割。

良渚人的"爸爸"崧泽人，已经开始使用石犁，男人用得多，但尺寸不大，只有20～30厘米长。到了良渚时期，石犁体量大了很多，长度可以达到50厘米，浙江平湖庄桥坟遗址出土了一件带木座的石犁，加上底座有1米长。这说明当时良渚已经有了大规模的农田，才需要这么大的农具耕作。

种水稻的良渚人

　　城外进行稻作的人们必须提高产量，供应城里的非农业生产者。这样就要求稻作农耕的方式进行改变，进行集约化生产，创新水利工程，革新农具以及耕作方式等来提高生产力。

　　我曾听过一个名叫"傅稻镰"（Dorian Q. Fuller）的人，讲良渚人种水稻和用镰刀的故事。他是国际知名植物考古

茅山遗址良渚文化晚期稻田及相关遗迹

学家、英国伦敦大学学院考古系教授，主要研究领域是农业起源与传播、农作物进化与驯化、南亚考古和非洲努比亚考古等。

近些年，教授的研究重点放在了世界农业起源与作物传播、东南亚与东亚地区农业经济形态比较、稻作农业生态研究等问题上。这当然得来中国了，对于吃饭这件事，中国人懂。

他想，自己这个名字 Dorian Q. Fuller——嗯，比较复杂，很多人也不太会念，既然来中国做植物考古，应该要有一个好听的中文名字，我又研究和水稻有关的活动，那就叫稻镰。

教授对自己的专业如此深爱。

傅稻镰的另一个身份，是良渚申遗文本的书面评估专家。我曾问教授，报告里有一些词汇，如"伟大的稻作农业"等，是您写的吗？

他回答：我没有写那么多关于稻作的内容。但我认为这是世上首个基于稻米生产的城市体系（urban system），这是很重要的。其他一些早期的城市体系比如印度河流域、两河流域、古埃及，他们（的农业）都是基于大麦、小麦的。这是一项不错的对比。另一个重要的点是，在此以前，除了中国专家之外，良渚在全世界的考古界是不太知名的。我在 2004 年、2006 年或者 2007 年（我有些忘了）和 2010 年都访问了良渚，良渚遗址的规模和深度，以及多方面的考古工作，给我留下了深刻印象。当我还是个考古系学生的时候，我们从未听说过、学习过良渚。所以，我认为把良渚纳入世界的谱系中，成为我们对这个世界史前时代理解的一部分，就像我们理解苏美尔文明和哈拉帕文明一样，是件好事。良渚应该成为我们学习史前世界的一部分。

对于良渚人种水稻这件事，傅稻镰提出了一个有趣的观点：种水稻的良渚人，比种旱稻、吃小米的人，更容易有幸福感。

旱稻和水稻的种植方式对城市化进程有什么不同？

傅稻镰对近些年考古发现稻米的考古遗存，利用植物考古的方式做了研究，这是植物学和考古学的结合。

有一类遗存是植物的微遗存，肉眼不可见，保存几率比较大，比如植物硅酸体，但它能显示出遗址周围的植被状况，也能了解当时人类到底是带什么植物进入了这个遗址的。

2009 年，他做了一个课题，结合炭化植物大遗存和植物硅酸体微遗存，探讨水稻生长的环境。"因为仅从水稻本身无法知道环境，更多是从水稻的伴生杂草组合不同，得知水稻的生长环境有什么不同。"

为了比较，傅稻镰在泰国、老挝，以及中国广东、山东、浙江的现代农田和考古遗址，提取植物硅酸体的标本。

他的结论是：中国长江流域地区稻米一直都是水田种植，而印度早期为旱稻种植，后期转换成水稻种植，东南亚地区一开始是旱稻，后期转化为水稻的种植方式。

比如泰国北部地区 Ban non wat，一个人工土堆遗址，傅稻镰认为稻米在泰国地区并没有一个驯化过程，"应该是稻米驯化之后才从中国传入到东南亚大陆地区"。他发现，这个遗址在铁器时代从旱田转换为水田的变化，气候也从湿到干，种植方式和自然气候是完全相反的，气候变干，田里的水分反而变多了，这和人为干预有关。

他有一个推断：这个遗址的早期气候比较湿润，所以人们不需要另外投入劳动力或者采取特殊措施种水稻，靠雨水养。但后来，此地气候变干了，人们为了继续种植水稻，采取了一些措施，比如灌溉，这也让水稻的生长环境从旱田变为水田。

后来，此地也确实出现了一些社会复杂化的证据，比如有金属的贸易交换，铸铜等人工制品、武器、珠宝首饰，还在这个遗址发现了外来生产的东西。"这说明人口的增长也和水田的种植有关。"

傅稻镰比较了良渚，浙江余姚田螺山、河姆渡遗址种植水稻田的例子。他提到一个结论：田螺山遗址是一个注重水资源管理和利用的遗址，这是长期利用淡水资源的结果。

那么，水田这种农业形态的发展，跟城市人口的激烈增长、社会复杂化有什么关系？

"持续性的水田，对于淡水资源的利用支撑了人口的增长，这是后期城市化和社会复杂化的基础。"

田螺山人的食谱，以水稻、橡子、菱角、芡实等自然资源为主，菱角和芡实，跟野生稻一样，都是湿地环境下

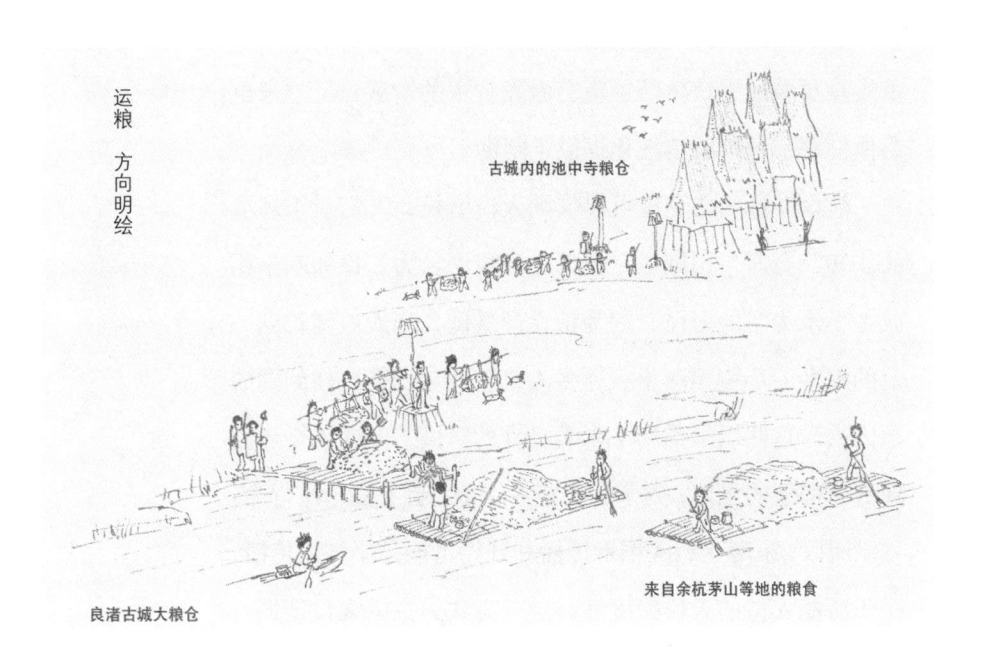

运粮 方向明绘

古城内的池中寺粮仓

良渚古城大粮仓

来自余杭茅山等地的粮食

的典型植物资源；而鱼骨种类，以淡水鱼为主，这是典型的渔猎采集的生活方式。

在浙江，野生稻一开始就在水生环境中，且一直处于水田种植环境，所以傅稻镰的关注点更多落在灌溉水资源的管理，以及灌溉设施上。

"在茅山所见的水田的管理结构，在现代印度还能见到。"

傅稻镰说，良渚茅山水田的种植，从早期到晚期，规模越来越大，需要越来越多人力，后期出现的工具，也说明投入了比较多的人手。

"因为种植水稻的农民人口增长很快，在有限的土地上支撑更多的人口生活，就会激发技术的发展，反过来也为他们水稻种植的精细化提供了帮助。"

粮食产量的估算也可以推测人口增长，人们对于环境的认知，会产生预期——也就是环境增长力，比如吃旱稻或者小米为主的居民，因为粮食产量低，当人口增长到一定的水平，环境无法承载更多人口，就会迁徙，住到别的地方去。这些以旱稻和小米为主食的居民，倾向于循环性迁徙开辟新的土地，到了一个临界点，又会重复这些行为。

所以，东南亚地区稻米传播一开始可能是旱稻的传播，旱田所能支持的人口密度低，这一方式为主的人口迁徙行为多，这也跟东南亚地区人口迁徙有关。黄河流域仰韶文化的居民也是这样，文化传播力强，人群移动性高。

有趣的是，良渚文化的居民主要的农业形态就是水稻，长期居住在这里，集中利用资源，而不是向外扩张，也没有出现向外扩张的念头——安居乐业，休养生息，江南水乡住着很"安耽"（杭州话，安逸），幸福感强。

也就是说，灌溉水稻和湿地经济的持续发展，水稻可以养活比旱稻、小米更多的人，更能促进人口持续性增长、繁衍，提高人们对区域内景观的关注度，促进社会复杂化和城市化进程。

既然良渚人有高环境承载力，安心住在这里不向外迁徙，这是不是反而跟它最后的衰落有关？

傅稻镰认为，也有一定可能性。高强度高集中性对一种资源专门化利用，对新的可能性没有那么大的尝试动机。后来环境突变，发生天灾，他们或许没有那么多的应急措施去防止文化的崩溃。

河里的秘密

良渚"城里人"不种水稻，没有农民，那他们是做什么工作的？

古城内有大大小小的古河道51条，主要的河道有3条，呈"工"字形。城墙东南侧有两个缺口，形成河流，如今还在通航，这就是良渚港，它的基本格局在良渚晚期已经形成。除此之外，其他的古河道都已成为平地。

良渚人的河道里，丢满了当年的生活垃圾，5000年后，却成为我们破案的关键线索。

考古学家在良渚古城的古河道遗址中取了一些土样，分析寄生虫，结果发现，良渚人当时可能把一些粪便排进河道里。这也说明，河道并非良渚人的饮用水源。

莫角山东南脚下，有一条名为钟家港的南北向内河，河道两岸分布着许多良渚时期的人工修筑台地。在台地上生活的人们直接在河边倒垃圾，慢慢的，河道变得越来越窄，越来越浅，到了良渚晚期，河道终于被废弃，最后被填平。

良渚人造宫殿的技艺，在河道里"浮出水面"。

钟家港河道里发现了三根大木构件，属于良渚文化早期。尾端还有牛鼻形抓手，抓手里留下了藤条编的穿绳。一个鲜活的工作场景，呼之欲出。

这三根是国内目前发现的新石器时代最大的单体木构件，可能就用来建造莫角山上的宫殿。这是良渚人广泛使用的木材。而如今的瑶山上，丛丛麻栎林，青山未曾改。

此外，还有一根很特别的木构件，长9.5米，分布在古河道底部，上面凿了39个卯孔，间距相同，整齐划一。南端的树根部还没有切掉，有牛鼻孔。北端的尖端有一方形榫头。什么树种？槲栎。

2017年上半年，河道里还发现了几块"白墙面"。

其中一块是转角的红烧土墙块，它和我们今天的土坯房墙体外观已经没有太大的差别。但墙面上涂的"白灰面"，跟北方仰韶、龙山

转角墙块

1. 中区成排板桩护岸
2. 西岸台地的人工木构护岸遗迹
3. 南区木构护岸遗迹
4. 39个卯孔的大木构件
5. 北区石刀石铲毛坯等
6. 三根巨型木构件

河里的秘密

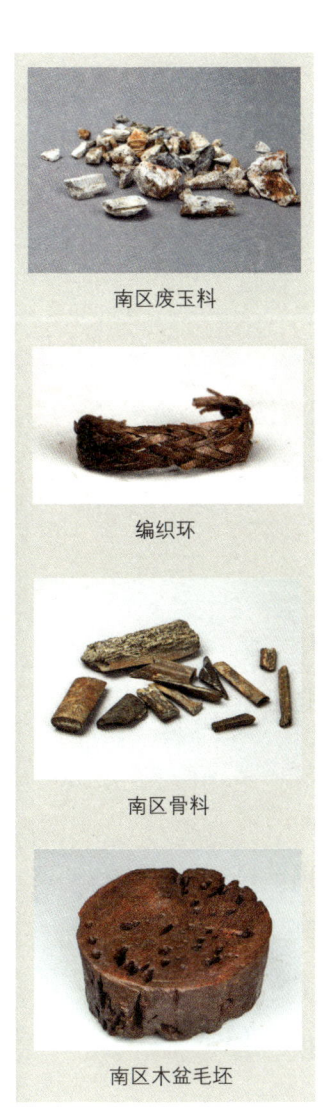

时期用石灰或者料姜石粉等制作的白灰面工艺不同。

专家取样分析后还原了这种工艺——可能是先用"混搭"了禾本科芒属类植物茎叶的黑色黏土筑成墙体，加工平整后，再用较纯净的黄色黏土调和成的泥浆涂刷表面，最后还要炙烤墙面。

可以想象宫殿的墙，就是这样的，如此考究，细腻，在长江下游的新石器时代遗址中很罕见，良渚人的建筑技艺已经达到较高水准。

而河岸边的竹编护岸，营建考究，由竹编物和63根木桩组成。先用竹编物紧贴土台，再在竹编外打木桩，跟现在河岸的做法相同。

2016年，考古队员在钟家港古河道南段发掘时，发现了大量玉料、玉石钻芯、燧石等跟制玉有关的遗物。于是，他们把古河道的土又进行了浮选——洗土，结果发现了更多动植物遗存。

有4种动物，第一次在良渚文化遗址里发现了：黄斑巨鳖、红面猴、虎、水獭。

为什么在钟家港？

南区废玉料

编织环

南区骨料

南区木盆毛坯

饱水环境容易保存下来，是一方面原因。更重要的，请注意，钟家港在古城里，一饮一啄，透露出良渚贵族的吃货精神，对于生活物质水平提高的强烈愿望和追求。贵族阶级比城外的普通老百姓掌握了更多的社会资源，对于吃，早已不满足于吃饱，更要吃好。

为什么是这四种？老虎和猴子，难道在当时比较稀罕？

宋姝说，老虎从种群的角度来讲，如果生存环境合适，一定区域范围只能有几只老虎，不能说是少，还是生活习性决定的。至于猴子，是很明显的群居动物，数量应该不少，但是，这些动物的捕捉，更困难，也更危险。

而且，贵族认为吃了这些或许对身体有好处，所以猴子、老虎只要能捉到就可以吃，至于好不好吃，就是另外一个问题了。

这样一种观念，影响着古城里贵族们对肉类食品的选择，他们的饮食对象明显比城外人更加丰富多样，也是利用身份之便，城外的人就连吃普通的猪肉都未必能够保障。

除了动物骨头，还有大量植物遗存。良渚人除了吃主食稻米，还非常喜欢吃果蔬类，果实类的种子占了很大比重，数量最多的是南酸枣、桃核，接下来是李、柿、梅、杏、葡萄、甜瓜等。等等，葡萄不是西域传来的吗？

钟家港两岸的百工集市

方向明绘

看见——良渚王国记事
5000年

◁

1 | 4
2 | 5
3 | 6

1. 南酸枣
2. 桃核
3. 菱角
4. 葡萄
5. 乌蔹莓
6. 甜瓜

卞家山遗址和美人地遗址都发现了葡萄种子。良渚的植物学家武欣告诉我，西域传来的葡萄和良渚的葡萄不是一回事。中国本土就有葡萄，比如最早有记载的葡萄属植物就是《诗经》里的"蘡薁"。

……

六月食郁及薁，七月亨葵及菽。

八月剥枣，十月获稻。

为此春酒，以介眉寿。

七月食瓜，八月断壶。

> 乌蔹莓，也属于葡萄科的藤本植物，也是先民经常吃的野果之一。

—078—

九月叔苴，采荼薪樗，食我农夫。

……

——《诗经·豳风·七月》

所以葡萄也被古代先民采摘食用。后来西域传来的葡萄属于欧洲系统，个大滋味又好，所以可能渐渐地本地葡萄就淘汰了。就像现在我们也有山葡萄和野葡萄，也能吃，就是要酸一点。

淀粉类的菱角、芡实和莲子，都是良渚先民选取采摘的可食用的植物，这些食物的发现量大大超过了不可食用的杂草类，比如少量发现了酢浆草、莎草等。这说明，良渚人在夏秋时节会开展大量采摘蔬果的活动。

不过，良渚人平时有足够的稻米吃，对于芡实、橡子这些"碳水炸弹"的需求就会相对降低，出土量很少。

有意思的是，经过测量对比，我们发现良渚时期的桃子有了质的飞越，桃核明显比 8000 年前的跨湖桥时期大了很多，和现在毛桃已经相差不大，属于人工栽培桃子。

河里最大的惊喜，来自现在很多人喜欢在全国各地淘的手作，比如漆木器、骨器等制作的半成品和加工工具。

来我的工作室坐坐吗？5000 年前，太阳好的时候，钟家港河道两边，创意手工市集摆起了摊，各个工作室都派出了掌门人，做木器、漆器、玉器、骨器……百分之百纯手工制作，有的为城里人做设计款装饰品，有的给贵族雕刻玉器，有的加工石器。

这里，曾经百工云集。而这些工匠，至少有一部分是高端手工业生产者。

这是良渚古城内首次发现手工业作坊区。考古专家推测，良渚古城核心区除宫殿区、王陵和贵族墓葬区外，主要应该是手工业作坊区。人们不需要种水稻，通过各自擅长的工作，就能获得需要的粮食。

其中一些人工制品里，发现了朱漆方形镂孔木托盘、漆觚（gū）、小编织环、竹筐、独木梯等。尤其是漆觚，觚，饮酒的，良渚的觚，基本上做成了漆器，说明是给高等级人用的。

一只骨鱼钩，罕见，有3厘米长，倒刺尖锐，跟现在的鱼钩几乎一样，良渚人用它来获取水产品。

但很奇怪，用鱼钩比结网捕鱼的效果要差很多，7000年前的河姆渡人已经发现了渔网的网坠和鱼镖，良渚人为什么反而退化了？

哎，古城里的贵族说，我们每天吃各种肉都来不及，饲养的家猪完全能满足一天的生活需求，偶尔还要捕猎鹿类等野生动物，这点小鱼小虾，完全不在我们的关注范围里。

那天，一位贵族闲来无事在城里钓鱼，落下了一只刚买的鱼钩。

故事，或许是这样的。

有农业工作者，有手工艺人，5000年前，社会分工程度如此之高，这再次表明良渚古城已经真正达到了现代意义上的城乡差别，也是早期国家的标志之一。

考古队员继续在河道找线索，又发现了不得了的东西——人骨，而且数量不少。

但仔细分析这些人骨，并不是正常死亡的，骨头上有砍、砸的痕迹。

显然，古城里曾经发生过暴力事件，时间在良渚晚期。

除了钟家港，在卞家山、西城墙葡萄畈段的古河道里，也发现过非正常死亡的良渚人的人骨，部分人骨检测结果显示，他们生前营养不良，身体羸弱，吃的不是大米，而是小米之类的粮食，说明他们不是城里的贵族，可能从北方来。

这说明，古城里住着工匠，还有外地人。也说明良渚已经具备稳固的国家政权。

但此前,考古队员没有在良渚遗址核心区发现过这种非正常死亡的人骨证据。

我们一直觉得良渚人总体上是很和平的,但钟家港里的人骨,包括用头盖骨做的容器,说明当时社会比我们想象的要残暴,那么,它会不会跟良渚文化的衰亡有关系?

玉魂国魄

5000年前,良渚人在描绘一张宏大的蓝图,它控制着以太湖流域为中心的长江下游,甚至将其影响扩散到江苏北部和钱塘江以南的地区。

我们难以想象,在没有通讯设备的年代,它要如何实施王权的统治?

王权与神权

在良渚王国,王权,即神权。王和王室成员把雕刻有神像的玉冠状器、三叉形器、半圆形器等成组玉头饰戴在头上,打扮成神的模样,营造王权神授的氛围。即便在身后的世界里,也要用构建的信仰体系来规范后世子孙。

雕琢精美的玉器,是良渚王国权力与信仰的集中体现,成组玉礼器,更是良渚复杂社会组织结构的反映。

最典型的就是反山王陵,已知良渚文化遗址出土玉器数量最多、品种最丰富、雕琢最精美的一处高等级墓地,总共出土了 1100 多件（组）玉器。

用玉，并不是良渚人的专利。

玉文化是中华文明的重要文化基因。1992 年，内蒙古敖汉旗兴隆洼遗址，就出土了世界上最早的耳饰——玉玦，距今 8000 多年，这一文化潮流向四面八方扩散，在距今 5300 年的良渚文化，达到了巅峰。

全世界现存的良渚时期玉器，加起来大约两万多件，看看这些玉器的种类：玉琮、玉钺、玉冠状器、玉镯、玉璧、玉三叉形器、玉锥形器、玉璜、玉圆牌、玉筒形器、玉管串、玉珠串、玉管、玉珠、半球形隧孔玉珠、隧孔玉瓣形饰、隧孔玉柱形器、玉缝缀片、牙形玉饰、牙形玉坠饰、玉琮式管、玉牌饰、玉鸟、玉带盖柱形器、玉柱形器、玉柄形器、玉手柄、玉匙、玉匕、玉耘田器、玉端饰、烟斗形双鼻孔玉饰……好了，我还没写完，已经眼花缭乱了是不是？

良渚被认为玉之国，当之无愧。

那么，为什么良渚社会选择走一条"玉"文明的道路？

拥有完整都城结构的良渚古城，有宫城、王城、外郭城和外围庞大的水利系统，构成了一幅东亚最早的王国图景。这些完全靠人力堆筑的超级国家工程，必然需要强有力的社会组织来保证它的运转，以及资源的调度、分配。

远古时期，人们靠什么力量完成？这必然需要高度统一的精神信仰来支撑。

5000年前,这一信仰便由神来赋予。而玉,成为权力与信仰的化身。良渚人确定了安身立命之地后,没有马上建城,首先建的是精神信仰。

1987年,考古队在一片红土中发现了一座祭坛和墓葬复合遗址,名为瑶山。

这一基岩风化而成的自然红色,热烈而不张扬,正适合作为一处举行重要仪式的庄严场所。

我们如今依然能看到高台顶部为修整山体而垒石包边的拐角,整齐,结实。高台以下尤其是西部和南部,也有多道为了加固堆土和框定范围的石坎堆砌。最西部的石坎与高台顶部面高差达5米,最南部的石坎与高台顶部面高差约3米,整体呈漫坡状。

高台顶部有一个耐人寻味的"回"字形灰土方框,也就是"祭坛",而这些灰土,是从山外有意搬运来的。红土正好位于方框中心,方框外的山体用黄土加以修正,三重土色分明,转角方正,布局规整,显然是经过精心设计,认真营建,引人浮想。

高上加高的设计,显然是有意识的。

建坛的地点选择在山顶之上,如果仅仅是为了避潮防湿,不需要在山顶上再建土坛。此地,应该有通向上天之

1 瑶山祭坛遗址顶面遗迹
2 瑶山祭坛的西北角石坎

△
3 复原的瑶山回字形祭坛俯瞰　邹添龙摄
4 瑶山祭坛的观象和造神想像图　方向明绘

意。考古学家认为，这类土坛，是以祭天礼地为主要用途的祭坛。

刘斌在这里进行了两年的实地观测，发现日出的方位与祭坛的四角所指方位具有惊人的一致性。更惊人的是，如果将灰土框移位，则会因为山脉的遮挡而无法在同样的角度观测日出日落。

我们可以想像，当年良渚人在这里进行庄严的仪式，也观测天象，没错，这竟是一个史前的观象台。良渚文明的农业成就，也与早期良渚人的历法实践息息相关。

瑶山没有那么简单。

在这座祭坛废弃之后，或者这座祭坛就是专门配合高等级墓地而设，反正，这里变成了专门埋葬高级贵族的又一王的墓地，发现了13座大墓，南北两行，男性葬于南，女性葬于北。

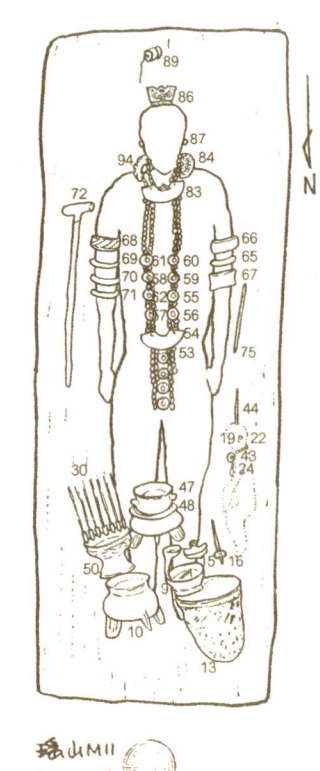

瑶山11号墓（王后）棺内葬仪示意图

瑶山11号墓出土的玉织具

玉魂国魄

其中在 C 位，人们发现了王的女人——良渚王后的墓葬，瑶山 11 号墓。良渚王后头戴玉饰，挂着由玉璜、成组圆牌等串成的玉器组佩，手戴玉镯，连象征女性身份的织具纺专都是玉做的。圆饼形的纺轮，白玉做的；细细长长的捻杆穿过钻孔，为青玉，合起来叫纺专。

王后身上最贵重的一件玉器，就是玉璜加成组圆牌的组佩，这是显贵女性专有的，普通女子没法拥有。而且，王后拥有的成组圆牌数量最多，有 12 件。你看这套项链，组件多，穿缀很有设计感，也很复杂，两列圆牌系上大璜，再串一列圆牌，很像周代的组佩——这可不是考古学家自己搭配的，当时出土时，便是原创设计。今天很多走民族风的文艺女青年，也喜欢这种复古范。还有一只绞丝纹玉镯子，纹样即便今天看来，也极具现代感，如此"绞丝"，在良渚只此一件，为王后所独有。

但很奇怪的是，到了良渚中晚期，玉璜突然不见了，是不是女性地位下降了，还是都变

△
1 | 2

1. 瑶山 11 号墓王后的玉璜 + 成组圆牌的组佩
2. 绞丝纹玉镯

—089—

看见 ——良渚王国记事
5000年

瑶山11号墓玉器出土情况

成花木兰了？专家们还在继续研究。

11号墓的随葬玉器无论数量、种类，还是品质，都是良渚文化女性墓之最，还超过了多数男性贵族墓。

更重要的是，瑶山，也是迄今发现年代最早的最高等级良渚墓地，距今约5300年，营建时间就在良渚文化早期，比良渚古城、水坝的建造时间都要早。在祭坛上的墓，还随葬这么多玉质礼器，他们是谁？生前的身份，一定极其特殊。

与人们喜爱的装饰玉器不同，良渚人的玉器不仅仅是为了美，它直接被用来标示拥有者的身份、等级和地位。

我们都知道，礼制，是中国历史上建立社会秩序、维护国家稳定、规范行为方式的传统文化。而玉器，就是良渚文明礼制最典型的物质载体。

良渚社会啊，真的非常现实——人以群分。你的等级、尊卑、贵贱、身份，全部都以玉器——一整套等级森严的用玉制度来充分区别。考古专家挖到后来，几乎可以"闭着眼睛"发掘了，只要看看出了什么玉器，就知道你是贵族还是平民。良渚人创造的"全套"玉礼制，为中国古代礼制社会的形成和发展做出了重要贡献。

全套，除了我们熟悉的良渚"三大件"：琮、璧、钺，还有大量的玉头饰、玉佩饰、穿缀饰品，丁零当啷，整套配齐，真的非常重。

比如玉头饰，需要通过梳、簪等方式插在良渚人的头上。

我觉得最好看的，应该是玉冠状器，相当于梳子的柄，下侧安装梳齿，往往只在高等级墓葬里看到，有且只有一件，男女都要用。

良渚玉器在反映权力、社会等级的内容中，还具有性别特征。比如男人身份高不高，就看你有没有三叉形器和成组锥形器。

三叉形器要与玉管配合使用，插在头部。

玉锥形器，一用就是一大把，无论贵族，还是普通人都要用，在良渚古城及其周边，甚为流行。成组玉锥形器通常以9、7、5、3这样的奇数成组，数量越多，等级越高。成组锥形器通常只见于男性高等级墓葬，是显示男性权贵身份地位的特殊玉器。

比如，一般9根就很厉害，特别厉害的戴10根，然后7、5、3、1，依次递减，权力等级也依次下降。反山12号墓王中王的头上就插了9根，而瑶山C位12号墓主人头上，破

成组锥形器

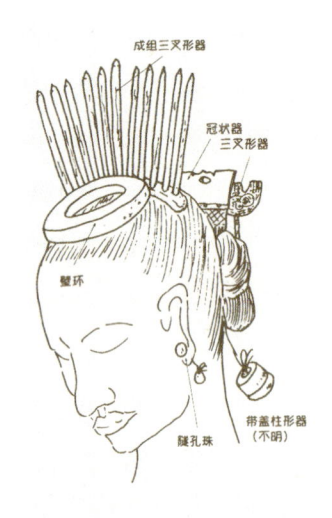

男

女

良渚贵族复杂玉头饰的复原，男和女，不一样　方向明绘

天荒插了 10 根。像反山、瑶山的顶尖墓里，一般最低等也有 5 根，极少数 3 根，但是普通人家的墓，比如良渚古城西南的文家山墓地里，等级最高的也只有 3 根。

良渚人的等级观念强大到什么程度？在离开良渚"中央"的"地方"——上海青浦吴家场墓地，好歹也是一处良渚文化晚期高等级区域中心的重要遗址，这里的领袖也算是"诸侯"之一，但是呢，207 号墓的墓主人头饰，是一组猪獠牙。这种特色鲜明的头饰主要发现在浙北嘉兴地区，跟"中央"以成组锥形器为标志差距太大了。

良渚人跑到嘉兴地区后，头上还戴三叉形器，但到了苏南，一件都没发现，没这个习俗。江苏人也不太爱戴玉锥形器，寺墩 3 号墓里只发现了 3 根。上海福泉山遗址也是良渚的区域中心，30 座墓里总共出土 59 件玉锥形器，平均每墓只有 1.97 件。这说明，在中心区流行的标志身份等级的玉器，在周边并不一定都认同。像"梳子"冠状器，上海的良渚人有，但数量很少。上海福泉山遗址至少近半的墓里是不随

良渚玉器中的动物

良渚文化出土玉器

葬冠状器的,不像反山、瑶山,每个人头上都插一把,不插好像你就不正常。

再说一套玉佩饰,比如玉鸟、玉蝉、玉龟等动物造型,缝在衣服上,相当于胸针。

还有织机。

反山23号墓里发现了纺织端饰,一组6件,两头各3件,一一配对,相距大约27厘米。想象一下,这就是一套两端镶有玉端饰的织机,推测原来应有3根木质横杆,只是有机质早已腐朽消失。这是目前中国发现最早的玉腰机,距今5000年。

在良渚文化高等级的王族墓地和贵族墓地中,他们以拥有代表神权的玉琮,象征军事指挥权的玉钺,体现财富的玉璧,以及装饰在帽子、佩戴在衣服上的各种特殊玉饰件,如玉鸟,充分显示了他们凌驾于部族平民之上的显贵身份。礼玉具备,极尽奢华,所有权力都要带入那个死后的世界。而平民墓则相差悬殊,有的甚至空空如也。

良渚的统治者——王、王室成员和权贵,便是通过这样一整套标志身份的成组玉礼器,达到对神权的垄断。他们生而高贵,从而完成对王权、军权和财权的控制,以此体现王权神授的统治理念。

既然玉器是良渚人身份的象征,所用玉料也有好差之分。良渚最好的玉料，叫透闪石软玉，细腻、温润。反山、瑶山墓地中的随葬玉器，经过抽样检测，多为这类玉器，也是良渚玉器的最佳代表。

反山墓地里良渚王的随葬玉器，经过四五千年的埋葬，玉色由原来的偏绿色，受沁为黄白色，就是我们俗称的鸡骨白，这是当时高等级墓地随葬玉器的主流颜色。

而在低等级墓葬里，玉器不但品种单一，还常常以蛇纹石甚至叶蜡石、萤石等品质较差的材料来替代。

玉，是一种高端材料，制玉，更是一门高端手工艺，你可以把它看成良渚社会"非遗"的最高端产业。而制玉者，也并非过去人们想象中是体力劳动者，他们必然是一群高级脑力劳动者。

看看玉器上，那条，良渚人在1毫米里刻了3根线，那条，1毫米里刻了5根线，而且互不交叠，堪称微雕。

在没有金属工具的情况下，到底是用什么刻的？

我们可以很明确地回答，良渚人是用燧石刻的，如果手感已经非常熟练的话，是可以做得到的。为什么？方向明在画神像时，也画放大的，也画原大的，用0.1毫米细的德国针管笔画，可以做到不交叠，但这一切是建立在非常熟练、手形非常稳定的情况下。

良渚人刻玉器是鬼斧神工，高级工匠们几乎把最高超

良渚王国的统一神徽

的技术，放在最高端的材料和内容上。

几乎所有的玉器上都会刻上或繁或简的"神人兽面像"，它几乎是良渚玉器唯一的主题，是良渚玉器的灵魂。

这一神像图案，通常被精细雕刻在琮、钺等高等级玉礼器上，图案上部，是头戴"介"字形羽冠的人的形象，下部是圆圆的大眼睛、露出獠牙的猛兽的面目，下肢作蹲踞状，还有飞禽的利爪。

神人加神兽的复合形象，或许，就是良渚人心中神的样子，是良渚部族崇拜的"神徽"，一种神圣的徽号。

> 几乎所有的玉器上都会刻上或繁或简的"神人兽面像"，它几乎是良渚玉器唯一的主题，是良渚玉器的灵魂。

从良渚早期到晚期，神像的造型几乎不变，完全是程式化、标准化的复刻，这也是礼器和神秘主义表达的需要，更是信仰统一的要求。

而鸟，作为可以飞翔的灵禽，常常处于神像的两侧或者下部，成为神像的辅佐。鸟纹的身体和神兽的大眼睛，也几乎完全一致。这或许是飞鸟与神王的一次悠然意会。

良渚人把神徽的精神信仰，渗透到了生活的方方面面。即便是一把玉梳子，也要有神徽的影子。佩戴者认为，自己就是神的扮演者，拥有神的授意，赋予自己异于常人的能力。

很神奇的是，这么多种类的玉器中，唯有玉琮，在良渚文明存在的 1000 年中，自始至终都与神人兽面像相伴。神像是构成琮的核心因素，是琮的灵魂。

△

1 | 2

1. "天下第二琮" 江苏武进寺墩遗址的良渚文化玉琮，常州博物院藏，尺寸上仅次于"琮王"。

2. 瑶山 9 号墓出土的圆琮

如果要选一位良渚玉器的代言人，当然首推玉琮。外方内圆、凸有四角、分割四角的直槽、中间贯穿射孔，四角用整体展开法展示出复杂的神像图案。

所有的玉琮都被雕刻为上大下小的样子，这是仰视所需的视角。所以，千万不能把琮倒放！

瑶山9号墓，是良渚遗址群中迄今发现年代最早的良渚显贵大墓，出土的琮，为环镯式的圆琮，可以戴在手上的。从外形看上去，比较圆润，但是多节面的小琮形制已经完全和我们熟悉的有四角凸起节面的矮方琮一致。也就是说，在良渚文化刚刚拉开序幕之时，玉琮的"基本款"——内圆外弧，凸有四角，就被人为地精心设计并确立。它复杂的平面和立面，是良渚先民对宇宙空间的构想，投射了他们的世界观和宇宙观。

有人说，良渚文化玉琮及其上的神徽，可以视为良渚国家的标志符号。通俗地说，相当于是国徽。刘斌认为，巫师们正是通过对玉琮的占有和控制，从而达到对神权的垄断。

人们在反山王陵"王"的12号墓葬里，发现了18幅完整神徽，占整个反山王陵总数的3/4（反山王陵一共发现23幅）。而12号墓一共出土过6件玉琮——这个男人一个人拥有6件象征神权的玉琮，不是王，又是谁？

良渚玉器"三大件"琮、璧、钺

插一句题外话。方向明量过，12号墓琮王上神像的兽眼眼珠只有二三毫米，是用什么工具刻的？大的管子，可以理解成毛竹，小的呢？

做动物考古的宋姝又进行了观察和测量，发现麻雀肢骨的截面直径约在1～3毫米，而雉肢骨的截面直径约4～10毫米，以桡骨和尺骨骨干的截面直径最小，而且最接近圆形。可能只有像麻雀这类小鸟的肢骨截面直径才比较接近兽眼的尺寸。但是，目前还不能确定就是用骨骼来刻的。

让人惊讶的是，神徽这一统一信仰的覆盖范围，从良渚遗址核心区，一直延伸到整个环太湖地区。宫里的良渚王，野心勃勃，一直向外扩张他的版图。

20世纪七八十年代，江浙沪包邮区的考古专家就已经发现，环太湖流域存在一些较大的良渚文化聚落，比如上海青浦福泉山、江苏武进寺墩等遗址。

2010年，上海青浦福泉山遗址吴家场207号墓，出土了2件通体雕琢10幅神像的象牙权杖，形制与反山12墓豪华玉瑁镦权杖完全一致。

虽然发现了高等级墓葬和玉器，但这些地方无论从规模还是规格上，远远不及"中心"良渚古城，至今也没有在这些聚落发现城垣建筑，说明中心和地方存在的层级状的社会组织结构。

你可以把这些"地方"的首领当做诸侯，良渚王控制了政权中枢系统，直接控制高档奢侈品玉器的生产和使用，他想把资源赐给谁，就赐给了权力。

日本学者中村慎一先生曾比较了各地出土的良渚文化玉器，尤其是作为权力象征的玉琮后认为，它们绝大多是由居住在良渚古城的玉工们制作，由良渚的贵族集团派送、馈赠给各地方的。用这样的形式承认或分派给各地贵族的地方区域治权，反之换取后者对"中央"的认同和支持，从而达到对各地方实行某种程度的管辖、控制。

王把玉器分别赏赐给上海、江苏的"诸侯",命令他们统治一方,管好当地这个区域中心。这也意味着,他用同样的信仰——玉器上的神像,进而统一全民的精神世界,成为以良渚古城为中心的良渚区域社会稳定和认同的标志。

5000年前,精神,凌驾于面包和牛奶之上。玉,成为权力与信仰的化身。而玉器上雕刻的神像,就是良渚人统一的精神信仰——如此层层递进,达到精神高地。良渚社会存在一个以良渚古城为中心的"中央"联系各"地方"中心的网络结构,神王之国,名副其实。

然而,珍贵的玉资源,总有用完的一天。

有证据表明,到了良渚文化晚期,高品质玉资源枯竭,高等级大墓使用蛇纹石的比重开始增加,低品质的玉料质地软,以往可以的微雕工艺,成了无米之炊。

当神像难以摩刻,神的权威受到了挑战。虽然琮越做越高,璧也越来越大,但玉的品质却越来越差,远远不能和良渚初期相媲美。

良渚玉器中的龙

良渚玉器中,出现过中国人熟悉的经典符号:龙。

说一个小故事。

1988年8月8日,12级台风正面袭击杭州。

玉魂国魄

当年这场只有编号没有名字的台风，让杭州人印象深到什么地步？只要一到夏天，一提台风，大家都忍不住要把它搬出对比：和88年那场台风相比怎样怎样……那次，杭州市区共有62273棵树被刮倒，景区公园百年以上的古树倒了18株。

台风过后，杭城数万群众走上街头，将大风刮倒的大树一棵棵拉起来，扶正支撑。

那天在故宫，没有台风，因为龙年，宫里办了一个龙主题的展览。

反山、瑶山出土的龙首纹玉圆牌、龙首纹玉镯（也叫四龙首玉镯），因为契合龙的主题，首次被选进宫。王明达记得，一个小皮箱，还装不满。展览不在正殿里头，是在一个偏殿里。

△ 1 龙首纹玉镯
2 龙首纹圆牌

这是经考古发掘出土的良渚玉器，首次进宫。

1986年、1987年，反山、瑶山遗址的发现，成为良渚考古的重要转折点。1987年，瑶山遗址发掘工作结束。这两件龙主题的良渚玉器，刚刚出土没多久，就被选进宫了。

良渚玉器里，除了龙首纹玉镯，出自瑶山遗址1号墓，还有一种圆牌，不是普通的圆牌，而是龙首纹玉圆牌，也在瑶山遗址出土，成串的龙首纹圆牌饰只能女性贵族拥有。

—103—

龙的造型，早在良渚文化之前的崧泽文化时期就已经出现，直接源头，来自于北方的红山文化。在良渚文化早期，龙首纹在人们的生活中继续流行，璜、镯、管、锥形器的外缘、外壁上，都能见到雕琢的龙首纹。

但是，过了良渚文化早期，龙首纹消失不见了，良渚的 LOGO 神人兽面像取代了它，成为良渚玉器的唯一母题。龙首纹和神人兽面像，此消彼长，而且从样子上看，两者是有演变关系的。专家推测，使用龙首纹的族群在政治和文化上，已经和良渚本地人融合了。

1988 年之后，良渚玉器很快又第二次进宫了，那是在 1990 年的"中国文物精华展"，后来这个系列展连续办了好多年。那年展览在故宫文华殿展出，良渚玉琮王首次进故宫。

除了琮王，那次还展出了反山为主的玉器，比如冠状饰、玉璜、玉锥形器、玉带钩、玉管珠等共 8 件。

1991 年 9 月 14 日，在内蒙古呼和浩特召开中国考古学会第八次年会，宿白先生做开幕式讲话，苏秉琦先生做闭幕式讲话。作为浙江考古界的代表，牟永抗和王明达先生坐飞机到北京，再转火车去呼和浩特，多出一天时间，两个人就去了故宫博物院。

故宫博物院当时的保管部主任李久芳，和牟先生是考古训练班三期的同学。两人到了之后,联系了李久芳,特意去文华殿看精品展。

展柜的恒温恒湿条件没有现在好,老式的柜子,没有其他设施,琮王放在一个托盘上,托盘上清楚看见了"粉笔灰",琮王受沁得有些厉害,王明达心里一惊。"北方环境太干了,玉的核心问题是保湿。"

两人马上喊:李主任李主任。

琮王马上"下架",赶紧保护起来。

玉器在中国已有八千多年的历史,经历了神圣化、礼制化到世俗化的演变。玉的世俗化,应当是唐宋以后,你现在戴一块玉,不反映你的身份等级。

然而无论怎样转变,尊玉、礼玉、爱玉的传统,一直存在于中华文明的血脉中,沉淀为我们的文化基因。延绵不断、多元一体、兼收并蓄,这便是玉器显示的中华文明发展脉络,也是中华文明的特质。

王的葬礼

高大的宫殿台基、雄伟的城墙、古老而庞大的水利工程，以及数以千计象征权力与信仰的精美玉器，无不佐证了良渚王国是中华大地上迄今所知第一个能够被确证进入早期国家阶段的文明，这个国家，被称为良渚王国。

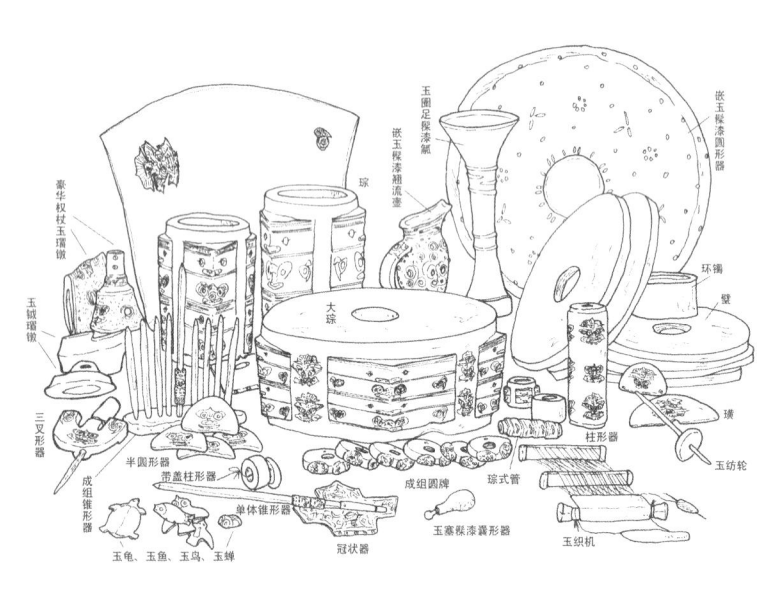

反山王陵出土玉器"全家福" 方向明绘

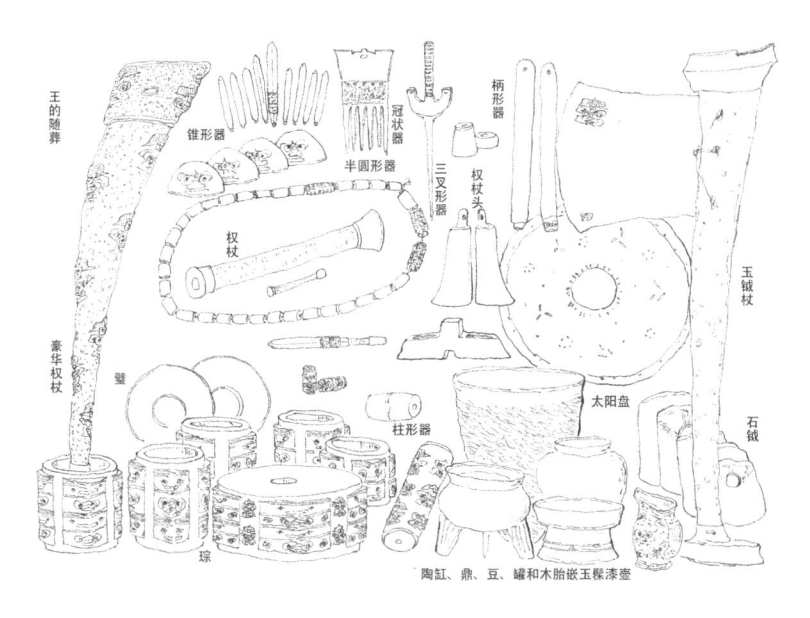

反山 12 号墓　王的随葬　方向明绘

有国，必有王。

反山王陵，巨大高土台，人工营建，像"土筑金字塔"。反山王陵发现了 9 座良渚文化早期高等级墓葬，一共出土了 1200 多件（组）随葬品，其中玉器就有 1100 多件（组），占了九成，光种类就有三四十种，除了三大件琮、璧、钺，还有柱形器、环镯、冠状器、锥形器、半圆形器、玉璜、带钩等等，以及形态各异的管、珠和鸟、鱼、龟、蝉，再加上漆器上大量的镶嵌玉片、玉粒……

毫无疑问，这是已知的良渚文化遗址中出土玉器数量最多、品种最丰富、雕琢最精美的一处高等级墓地。

而其中 12 号墓的主人全身铺满了玉器，琮王、钺王、豪华权杖的玉端饰、成组锥形器、三叉形器、环镯、管珠……

如果以单件计算，随葬品数量多达 658 件。无论用玉的种类、数量，还是品质和雕刻的精细度，尤其是玉琮王、玉钺王，都是出类拔萃的，是迄今发现的良渚文化最高等级的墓葬。

何为王？随葬玉器说了算，而且必须是成组玉礼器，而不是玉器"单品"。

反山王陵成组玉礼器的出现，是良渚高等级大墓墓主人身份、等级的直接反映，也标志着良渚文明已经形成了以成组玉礼器为代表的礼仪制度。

严文明先生在《中国王墓的出现》中说，反山 12 号墓墓主"这样的人物当然很像是最初的国王，而同葬于一个墓地中的贵族当为王室的重要成员"。

他，或许就是王中王。那么，这位良渚文化早期"王"的葬礼，是什么样的，王的葬仪，有什么讲究？

虽然墓主人的骨殖早已腐朽不存，但根据器物出土的位置和状况，我们可以复原墓主入殓时，这些玉器原本放在主人身上的哪个位置。

"天下第一"琮王出土时，像枕头一样，正面放置，"枕"在王的头下——

反山 12 号墓出土器物俯视图

王的葬礼

位于墓主人头部一侧。这不是偶然。在"中央"良渚中心遗址群外的"地方"——江苏常州武进寺墩3号墓，是迄今为止发现的良渚文化晚期宁镇-苏南地区最高等级的墓葬。就在3号墓的墓主人头部，也出土过一件大琮。相同的形制、纹饰、葬仪，也表明在良渚早期国家社会，良渚古城在政治、宗教上对周边地方的影响力。

王的头部这件重达6.5千克的琮王的直槽上，雕琢了8幅火柴盒大小的完整神徽，神人的脸和冠帽、神兽的大眼睛和鼻子嘴巴，都用上了浅浮雕的技法，神人的上肢和神兽下肢，则用阴线刻画，极尽繁复，是良渚微雕的杰出作品。

1. 玉管串组成的棺饰
2. 一组4件半圆形器的王冠
3. 三叉形器
4. 冠状器
5. 一组9件成组锥形器
6. 大琮
7. 权杖
8. 大玉钺
9、12. 置于身下的大孔璧
10、13、15、18. 石钺
11、14. 可能作为臂钏的琮
16. 豪华权杖和琮座
17. 手握的单件锥形器
19. 特别权杖
20. 嵌玉髹漆圆形器（"太阳盘"）
21. 特别镶嵌玉端饰
22. 嵌玉髹漆壶
23. 随葬陶器

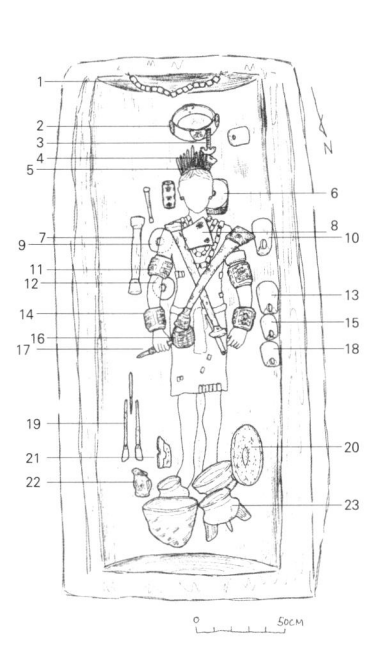

—109—

琮王边上，王的头部还有一堆丁铃当啷的复杂玉头饰。

比如，像箭一样的成组锥形器，一组9件；像梳子一样的冠状器；只有男人才戴的三叉形器。还有一顶很像王冠，呈圆周状分布在他头部的成组半圆形器等等——这些名字确实取得比较直白，但胜在意味深长。

"王冠"复原示意图
方向明绘

比如这个"王冠"。反山王陵只有4个墓出土了成组半圆形器——12号墓、14号墓、20号墓、23号墓。根据倾倒情况，半圆朝下，有缝缀隧孔，说明原来是缝在皮革类的载体上，作为头饰佩戴，围径有30厘米。所以，我们可以看作是"王冠"，但这个"王冠"不一定要戴在头上，搁在头上也可以。更巧的是，这4个墓还有一个共同点，在墓的北段都发现了一个形制一样的有凹缺的镶插端饰。

如此看来，"王冠"不是偶然现象。这4个人，是否生前都分别担任过王？

再回头说王中王。王冠下面，还有一个"带盖柱形器"，可能是棺饰，还有一种可能，是王用来扎头发的饰品。对了，王也打"耳钉"——半球形隧孔珠。

他的胸腹部，放着一组70件的管串，可能作为项链，或者用于裹尸。手臂边上还有4只琮，可能作为臂钏。

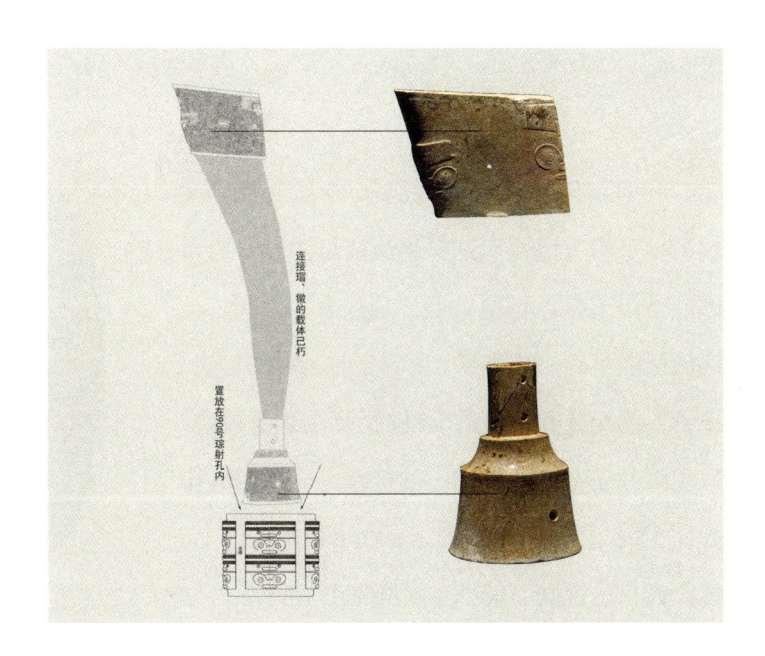

反山12号墓权杖镦与琮装置示意图 方向明绘

除了琮王,另一个王者身份的标识,就是玉钺。它是王权、军事统帅的象征。"玉钺王"放在他的身体左侧,刃部朝东,两面都雕琢了神像和神鸟,这也是迄今发现唯一雕刻有神像的良渚玉钺。说明他一个人拥有神权、王权,名副其实的王中王,是良渚最高统治者。

他的上身,交叉叠放着两把装配豪华玉瑁镦的权杖。这块像斧头一样的玉钺两端,还组装了玉质的瑁(冠饰)和镦(端饰)。中间有5颗小玉粒,应该原本镶嵌在玉钺柄上。但是出土时,作为"支架"的柄——连接瑁和镦的载体已朽不存。

另一把配齐豪华玉瑁镦的权杖出土时,镦就插在琮里,琮在这里好比一个底座。

王的墓里，还有几件做工很复杂的"文创"——嵌玉漆器。这只翘流嵌玉漆壶，遍布镶嵌大小玉粒，星星点点，总数有141颗，长度居然能小到一二毫米。说明当时玉材的珍贵，良渚人能充分利用边角玉料，而且用到了极致，采用滚磨工艺来加工细小的玉粒，又利用漆作为黏合剂，把各种镶嵌玉结合在木质的胎体上。你以为只是镶嵌一堆小星星就完工了吗？

这位良渚原创设计师，有心机的。5000年后，方向明在重画上面的纹样后才发现，这把壶上，还有神兽纹，以及围绕着大小圆形玉片的螺旋纹。圆圈和螺旋状纹围绕着玉粒，就像兽的大眼睛，可以说创意到了极致。

除了这只壶，还有一只嵌玉圆形器，像个太阳。最精致的是，外周一圈镶嵌着光芒形、梅花形的玉粒。

人们给王安放好了如此繁复的成组玉礼器，还需要一个密闭的棺椁，给他打造一个宽敞的空间。

随葬品都在，但是，作为葬具的棺椁已经朽烂不存，5000年前，王的棺椁什么样子？没

△
1 | 3
2 |

1、2.反山12号墓嵌玉漆壶和方向明画的复原示意图

3.反山棺椁葬具复原手绘示意方向明绘

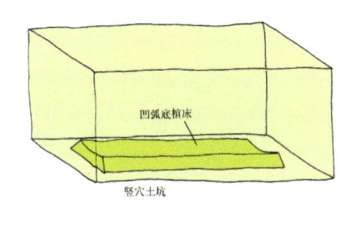

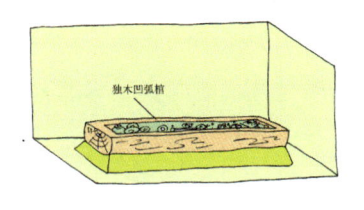

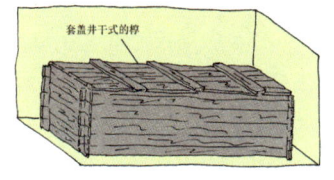

王的葬礼

关系，考古专家依然可以通过现场观察分辨土色、土质，再结合部分随葬品的倾倒、破碎情况，重组线索，原景重现。

王的墓底"棺床"，凹弧形，像一个船底。上面放一个独木棺，外面再搭建一个长方形的木椁，用来保护独木棺。而在棺与椁之间，还有一定的空间，可以放随葬品。在反山高等级墓葬的棺盖上常常放三件玉柱形器，而且是等距离隔开放。

究竟对不对？

2006年4月，良渚安溪后杨村发现良渚文化玉璧等重要遗物，其中4号墓是一座单体独木棺的显贵大墓，虽然葬具坍塌已经有点压扁，但考古队员还是可以清晰辨认并剥剔出弧凸状的棺盖。更重要的是，葬具坍塌时可能比较均匀，恰恰使得原来等距离放在棺盖上的三件琮式柱形器原样保存。

这也再次实证了1986年反山王陵发掘时的判断，3只玉柱形器，确实放在王的棺盖上。

反山王陵的葬具是独木凹弧棺，而良渚墓葬使用的独木棺，形制不完全统一。比如海宁小兜里 33 号墓独木棺的两端上翘，跟独木舟很像。包括挡板，良渚庙前遗址 31 号墓发现了一具带盖独木棺，一端有挡板，另一端没有；而良渚卞家山遗址 56 号墓的两端都有挡板。

　　为什么良渚人要把棺材做成船的样子？在古代，死亡是人们一生中最重要的节日，也是一种远行。人之常情，古今相通，无论西东。

　　如果要说良渚人的生死观，方向明认为，依然是萨满式的"三界宇宙观"*，这在良渚人独家发明的玉琮上，有立体呈现。琮可以分为以旋转的中轴为核心的上中下三界，且上大下小，贯通天地人间。而琮王的神像两侧分别雕琢了两只鸟，神要借助鸟飞翔；而鸟，本就是飞翔在空中。再加上独木棺是独木舟的形式，带人们去往另一个世界，这也是良渚人天地宇宙观的象征。

　　2007 年，直到良渚古城发现后，人们才明白，反山王陵，就位于莫角山宫殿区的西北角。这座目前确认的良渚古城内唯一达到王陵级别的墓地，与王的宫殿不过一水之隔。或许，古

　　*萨满教的首要特征是它的三界宇宙观。在流行于西伯利亚、北极地区、亚洲、北美洲、南美洲以及世界其他地区的萨满教观念中，宇宙由上、中、下三个层次组成。上层为天界，居住着至高神及日月星辰、神性动物等神灵；中层世界即人类所居住的世界，同时也居住着一些神灵和鬼魂；下层世界居住着兽形动物和怪物，常常对人类充满恶意。张光直先生认为，中国很可能自新石器时代开始就已经存在着这种世界分层的萨满教宇宙观。

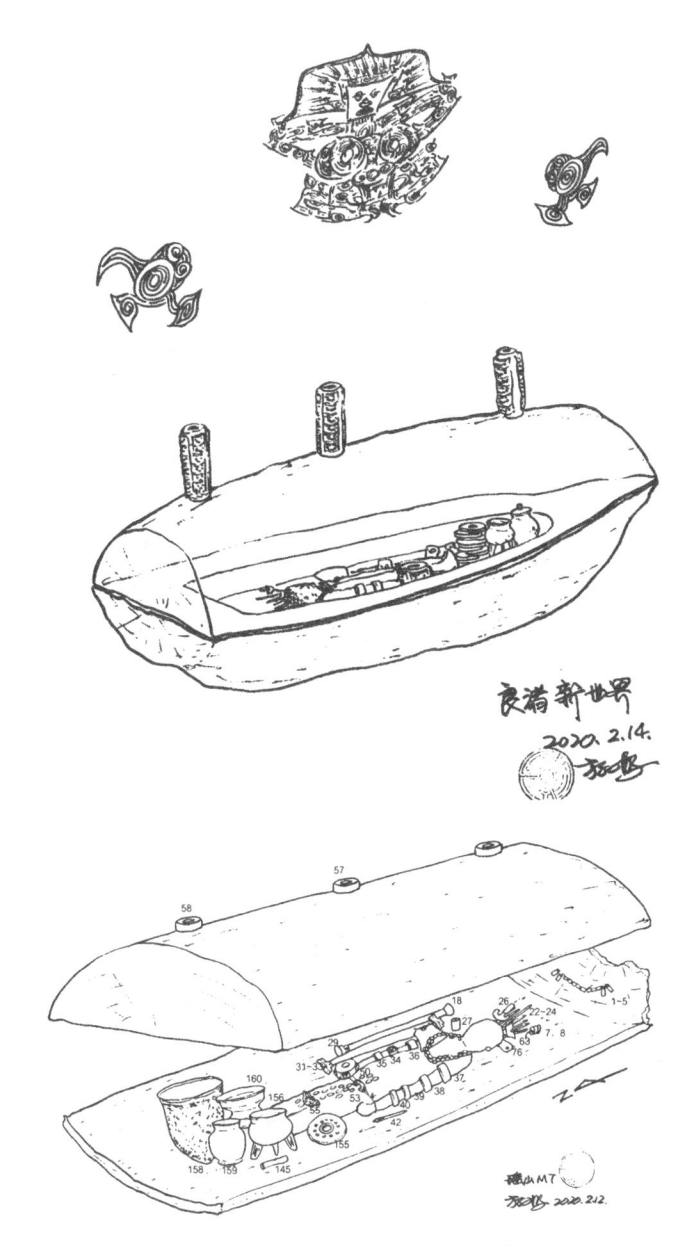

为什么良渚人要把棺材做成船的样子？在古代，死亡是人们一生中最重要的节日，也是一种远行。人之常情，古今相通，无论西东。

良渚贵族的棺与舟的关系猜想　方向明绘

人比我们更了解生死和宇宙的意义，才会给自己安排如此隆重的归葬之地，冠服楚楚，迎接玉石般不朽的永生，对5000年后的人们，诉说着当年的荣光。

还有一个蛮有意思的话题。

王明达先生把反山王陵的各位主人统称为：反山贵族集团。反山王陵早期9个墓葬南北分两排，12号墓中的这位王中王自然是核心，那么，他和其他几位墓主人，会是什么关系？

18号和15号墓明显偏离了"轨道"，是否跟王室关系更远？可能是臣僚？22号和23号墓的墓主人是女性，会不会跟对面两位王有婚姻关系？还有和王中王同样有"王冠"的4位王族成员，又在良渚古城分管什么"部门"呢？

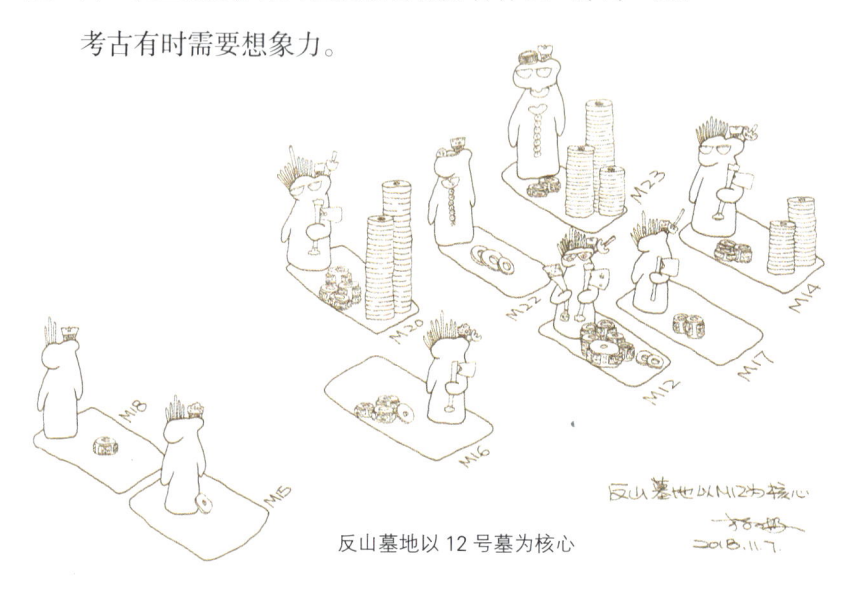

考古有时需要想象力。

反山墓地以12号墓为核心

一张制玉作坊订单

4800～4500年前的一天,浙江德清雷甸的一家工厂收到一张订单。

买家不详,他只接到命令,要做上千件玉锥形器和玉管。

这个叫做中初鸣的地方,沼泽分布,水网密集,他开了一家玉器制作工厂,属于家族生意,连锁店遍布,选料、开料、雕琢,工人每天都在生产线上忙碌,但做的大部分都是不上档次的玉器产品。

父亲心里有些疙瘩。这么多年了,儿子的工厂老是接这些低档次玉器的单子,而且量还那么大,到底是供给谁的?

退休前,父亲也是做玉器的顶尖工匠,家里五代人,制玉技术代代相传。但老祖宗和他的这双手,碰的可都是精致的上乘玉料,行话叫透闪石软玉,细腻、致密,用它做出的产品,玉琮、玉钺,更是皇家定制,是专为良渚王服务的，普通人无法享用。怎么现在到了儿子这一代，日子越过越粗糙了。先是工厂开到了良渚古城外围，离王不远不近的，而且厂里接的订单，看起来不再皇家血统，不再高精尖。订单的买家是王吗？这么大批量的货，到底要发到哪里去？

4500年后，浙江省文物考古研究所研究员方向明也在想这个问题。

2019年3月29日，"浙江德清中初鸣良渚文化制玉作坊遗址群"入围2018年度全国十大考古新发现。

工厂介绍如下——

是迄今为止长江下游地区发现的良渚文化时期规模最大的制玉作坊遗址群；出土了大量制玉相关遗存资料，是目前出土玉料、玉器半成品最多的良渚文化遗址。

父子俩可想不到那么远的事。

虽然他们一直对制玉很骄傲，也希望生意越做越大，但那几天，两人忧心忡忡，各怀心事，因为接到了这张淘宝订单。

制玉作坊遗址群

这显然不是一家单独的工厂。

群——从遗址最终的定名可以看出，此地分布了好几

中初鸣时的良渚

家工厂，相当于一个工业园区，标准说法是：数个制玉作坊遗存组成的作坊遗址群。它们所在的这片区域叫中初鸣，定位显示：浙江省湖州市德清县雷甸镇，一个叫杨墩村的地方。

天下枇杷数塘栖，塘栖枇杷出杨墩。杨墩村是浙江省有名的枇杷产区之一，枇杷皮薄，肉厚，核小。而德清本来就多水，有好多带"漾"字的地名，比如百亩漾、半段漾、苎溪漾，雷甸镇就有个黄婆漾，养殖业发达。

考古队员怎么就把目标锁定在这里了？

中初鸣这一区域，早年就有玉料出土的记载。民国（1932）《德清县新志》卷二："中初鸣、下初鸣、桑育高桥（即现新安高桥），地中时掘有杂角古玉及圈环步坠等物，质坚，色多红黄，时人谓之西土汉玉，佳者极珍贵。"这段记载，专门归在了"物产"这一章，描述非常精确。至于"杂角"，方向明是慈溪人，用慈溪话念起来，就是"杂个楞登"，不太正规的意思，颜色还有红色，和后来他们的发现吻合。

20世纪90年代，此地挖鱼塘曾出土大量玉料，盗掘现象也很严重，引起了文物部门高度关注。浙江省文物考古研究所所长刘斌，曾在这里试掘，发现了很多玉料，推测这一区域可能存在面积较大的制玉作坊遗址。

2007年，良渚古城发现以后，关于良渚文化核心区的布局已经搞得非常清楚了，这些年，考古队员的目光，移到了古城外围，以余杭为主的1000平方公里范围，包括德清，可以说是良渚古城的腹地，也是支撑我们认识良渚王国的核心区域。

刘斌和方向明同时想到了德清中初鸣。

2017~2019年，为了配合良渚古城外围遗址调查，以及国家文物局十三五重大专项课题"考古中国：长江下游区域文明模式研究——从崧泽到良渚"的开展，浙江省文物考古研究所、德清县博物馆对中初鸣这一地区进行了大规模的系统调查、勘探和试掘。

车子经过一条古河道，名西大港，不远处，指示牌显示：木鱼桥。

中初鸣项目负责人方向明，执行领队、90后塘栖姑娘朱叶菲回到"故地"，木鱼桥遗址，2017年考古队进行试掘的地方，如今成了葡萄园，种了大头菜、萝卜，安安静静，鸟鸣花香。

2017年下半年，方向明在中初鸣前前后后走了七八趟，发现了一处盗掘地。

那天，他们正在打探眼，发现一条自来水管的洞口有点奇怪，一看，盗挖分子嫌玉料太小，不要了，竟然塞在了里面。

方向明对朱叶菲说，我们下一步就在这里发掘。

考古队员经过调查和勘探，目前发现和确认了23处遗址点，均有玉料出土。

这就可以判断了，此地并不是一个单纯做玉器的车间或是工厂，而是一处有组织有纪律有规划的"园区"，是良渚文化时期的大规模制玉作坊遗址群。专家统称它为：中初鸣制玉作坊遗址群。总面积达到了100万平方米，规模非常大，而且每家工厂都离得不远。比如木鱼桥和保安桥，两个遗址点相距1公里左右。

车子一路开，小镇两边建了很多大型工业厂房，这里正在建设通航智造小镇，一个工业开发区。

鉴于中初鸣遗址的工作对良渚文化的玉料来源、玉器制作、流通的研究具有重大意义，在此前勘探的基础上，也配合通航智造小镇的建设，2018年，考古队员选择保安桥这个点，进行正式发掘，发掘面积近1100平方米。2019年，又对保安桥"隔壁"王家里遗址进行发掘。

连续下雨，来保安桥遗址的这天，总算出了太阳。方向明指着北边，一条沟，呈斜坡状，就在这些不起眼的堆积里，有了发现——在土台周边的废弃堆积中出土了大量玉料，玉器成品、半成品、残件等，以及少量陶器、石器。玉料数量惊人，具体包括玉料1600余件，玉器成品、半

一张制玉作坊订单

中初鸣遗址保安桥台

成品、残件 200 余件，石器 200 余件（其中加工工具燧石、磨石 50 余件）。

这些玉料，是良渚人在做玉器的时候，从上面扔下去的。他的工作场所就在台子上。

他的工作台——眼前的土台上，发现了什么？

朱叶菲说，目前土台顶部发现了 4 座墓葬，以及 1 个灰坑（可以看成是古人扔生活垃圾的地方），里面有少量玉料，还有一块不规则的红烧土堆积，是房子的基础残迹。

4 座墓葬主要分布于土台中部偏东位置。其中 1 号墓

—123—

里发现了一只玉镯子，还有玉料。不要以为玉镯子只女人用，男人也戴。方向明说，这个墓，又出土成组锥形器，一定是男人，因为成组锥形器，是良渚古城和周边区域有一定身份的人的爱好。

朱叶菲认为，这块墓葬出土的玉料，代表了墓主人的特殊身份——他一定与做玉器有关。

沟的边缘和外围，还有发现，挖出了两口井，这说明什么？

方向明说，从聚落的格局上看，良渚人没有直接从台子上打一口井，而是跑到外面去打，说明当时的地势环境和现在有所区别，地下水比现在的水位还要偏低，不然就失去打井的意义了。这里尽管有沼泽，但人们还是需要清洁的用水，洗洗刷刷。

保安桥这个工厂虽然面积不大，但仅仅这一个遗址点的发现，范围明确，布局功能清晰，就能让我们看到当时良渚人制玉的生产模式和规模。尽管房子长什么样不知道，但一定是房子，死了也埋在这里，而且人们扔的废弃物，

中初鸣遗址保安桥一号墓出土的玉镯和玉料

在一处特别多，越到边缘废弃物也越来越少，说明他们就在台子上工作。

跟老厂长一样，对这张订单我们也觉得困惑。

订单要求做什么产品？

考古队员在堆积里发现的玉器成品、半成品、残件200多件，基本上只有两种产品：玉锥形器和玉管，还有一些零星的小坠子。竟然不是良渚王和贵族用的三大件琮、钺、璧，反而是小件玉器，档次不高，类似小商品市场的水平。而且，种类如此单一，量又大。

方向明认为，这说明当时良渚人的玉器生产已经能达到高度专业化的水平。因为做玉锥形器和做玉琮、玉璧，完全是两种技术，玉料也有差异，需要不同的专业方向、专业人士。

玉锥形器的需求量有那么大？给谁用的？

很多人对良渚人的三大件已经很熟悉了，但对不怎么好看的玉锥形器会觉得有点陌生，我们来补充一下【知识点】。

良渚人一大早起来，梳妆估计要半小时以上，因为头上要插一大堆玉饰品，主要包括三叉形器、成组锥形器、成组半圆形器、冠状器等等。而前三者，男性专用，通过梳、簪等多种形式插在头部。

保安桥遗址复原图
方向明绘

玉锥形器，一用就是一大把，无论贵族，还是普通人都要用，在良渚古城及其周边，甚为流行。

越靠近良渚文化核心区域，王气聚集区，用得越多，"说明中初鸣生产的锥形器，具有极大的需求"。

那么，这个订单究竟是谁拍的？货发到哪里？会不会是当时嘉兴地区地位低端的良渚"穷人"下单的？

目前还无法确定。但方向明说："我们将通过无损微量元素和同位素测试的比对，确定

保安桥这个工厂虽然面积不大，但仅仅这一个遗址点的发现，范围明确，布局功能清晰，就能让我们看到当时良渚人制玉的生产模式和规模。

产品的最终流向。"

识玉寻踪

产品的"物流"走向,尚且无法得知,那么,这次最重要的发现,做锥形器的原料,也就是这个作坊群中发现的1000多件大大小小的玉料,能不能"识玉寻踪"?

比如,这批产品的工艺,有什么特点?良渚人是怎么做玉的?

朱叶菲拿来一块玉料,其中一个切面非常平整,明显做过加工,而且上面能清晰地看到一圈一圈波浪形的拉线痕迹。

这是线切割。

做玉要开料,也就是我们说的开璞成玉。一块璞玉,玉料的外皮因为长时间风化或氧化,需要去除外皮而得到内里最精华的玉料。良渚人做玉器开料,主要两种方式。

一种就是线切割,用一根柔性绳子,沾上解玉砂*,两只手来回拉。

还有一种,就是片切割,也叫锯切割。

考古学家牟永抗先生在《关于史前琢玉工

---

* 解玉砂,由硬度比玉高的石英、刚玉、云母等自然矿石加工而成的砂砾,这种砂砾具有极高的硬度和自锐性,即使碎裂成很细的颗粒也能磨削玉料。

艺考古学研究的一些看法》中有过详细论述——他着重提出了片切割的三种模式，以及如何观察管钻技术留下的工艺痕迹，详尽论述了以砂为介质、间接摩擦为特征的线切割、片切割、推蹭和管钻为标志的前砣（砣，打磨玉器的砂轮）琢玉工艺体系，彻底打破了唯砣方能琢玉的传统观念。

中初鸣玉料的开料，以片切割为主，但让考古队员觉得蹊跷的，是这些片切割的痕迹。

这些玉料，几个面都切了一条线，但线都没有超过1.4厘米。说明什么？

良渚文化时期，良渚人片切割开料，实际上根本切不深。

为什么？方向明说，可能跟工具有关。

片切割的工具无非就两类，一类是石刀，还有一类，就是软性的，比如毛竹。

玉料上的微痕，跟良渚玉器是吻合的。

比如柱状体的玉琮，尤其玉璧、玉钺，百分之百是线切割，没有用片切割。我们目前所能见到的良渚玉琮，几乎所有都是用线切割做成的柱状体。尽管有的玉琮很高，体量很大，良渚人还是喜欢用线吭哧吭哧来回拉。

所以，中初鸣的良渚人"接单"，不接那些大体量的

△ 1 带线切割痕迹的出土玉料
2 带片切割痕迹的出土玉料

玉锥形器、玉珠、玉管、玉料鸟等半成品

玉器单子，只做片切割深度比较浅的。

做哪些呢？锥形器、玉管、小坠子——和此地的发现吻合。

老厂长很疑惑，除了这批订单的产品单一之外，还来自玉料本身，那些"柔润淡雅"的玉料去哪儿了？为什么儿子手里做玉器的原料，大部分都是很普通的蛇纹石——质地要被甩开好几条街啊。

良渚人的玉器讲究，是身份的象征，所用玉料也有好差之分。良渚最好的玉料，排名第一位的，叫透闪石软玉，也就是那位父亲念叨的高级玉料，牟永抗先生把它的特点概括为"柔润淡雅"。我们熟悉的琮王、钺王,细腻,致密,就是用它做的,颜色白花花的,标准色叫黄白色,也就是我们俗称的鸡骨白。这个黄白色,是当时高等级墓地随葬玉器的主流颜色,反山、瑶山墓地中的随葬玉器中,经过抽样检测,多为这类玉石,也是良渚玉器的最佳代表。

第二名,是阳起石软玉。它的代言人是玉璧,颜色偏绿。1938年,施昕更先生早在《良渚》报告中,就形象地提到了这种颜色,鸭屎绿:"古色盎然,以青绿色俗名鸭屎青者为主。"

第三名,就是中初鸣遗址发现的玉料了,经检测原料大部分为蛇纹石。除了蛇纹石,还发现其他少量的叶蜡石等,这是更低端的玉料了,当时嘉兴地区穷人墓葬里的玉器,都是这种材质。

这说明什么?

中初鸣遗址的年代,为良渚晚期,也就是说,这个时间段,蛇纹石在良渚人的生活中占据了很高的比例。

难道说,良渚晚期的人只能用低端玉料做玉器了?

方向明举了个例子,比如反山遗址,哪怕是王的12号墓,也有手一捏就要变成粉的玉器,年代偏晚的14号、23号墓,有很多拿在手上都觉得轻飘飘的玉器,当时没有系统检测,现在怀疑就是蛇纹石。"我们经常说,玉在

遗址出土条状玉料

良渚人的世界中分等级，好的玉可以刻纹样、微雕，等级高的人才可以拥有；差的玉，低端的人用。但是，高等级的墓葬里也出这些差的玉料，证明当时并不是说你要定制好的玉，一定都能拿到，工匠也会用蛇纹石去替代。而最穷的良渚古人，像嘉兴地区的普通百姓，就用叶蜡石来凑合了。"

良渚文化发展到晚期，人们的生活水平是否发生了变化，最重要的用玉，是不是发生了什么问题？资源枯竭？疑团重重。

但有一个发现，这回可以说有了实锤。

除了玉料、半成品、成品外，中初鸣遗址还发现了很多和加工玉器有关的加工工具，比如砺石、磨石。磨石个头比较小，是手拿的；砺石，相当于磨刀石。

一张制玉作坊订单

除此之外，考古队员更有兴趣的，是它们：一些不起眼的小石头，黑的，红的，拿在手里，像炒豆子那么一把，那是燧石制品和石片，种类有雕刻器、钻头。

拿着放大镜，我们能很明显看到，一些燧石石片的刃部做过加工，很尖锐。

这些燧石，有两种功能，一种用来刻画玉器，方向明拿来刻过，硬度高于玉璧。

还有一种功能，玉钺开料前，需要先画几道槽，增加摩擦力，否则绳子或刀容易打滑，解玉砂不一定能磨得下去。

而此前，考古队员在江苏磨盘墩、丁沙地，良渚塘山金村段，良渚古城钟家港，都发现了燧石，中初鸣的发现，这件事又一次得到确认——所谓他山之石，可以攻玉，良渚人拿什么攻玉？

"可以明确地说，燧石是良渚琢玉的必备工具，如果没有燧石，做玉器就无从谈起，它才是真正的'他山之石'。"

△ 1 磨石
　 2 燧石

-133-

方向明说。

玉从哪儿来

在考古人看来,每一片指甲盖大小的玉料,破碎不堪的,都不能放过,那一条微痕,细枝末节,可能就是破案的关键。

朱叶菲拿起另一块玉料,一面有线切割的痕迹,另一面,斑驳粉碎,用手稍微一捏就能捏成粉。

"这说明,他当时在做的时候,已经把这块料利用到极限了,没法再割过去了。"

浙江大学地球科学系教授董传万对这块玉料,有一段描述:表面有比较强的反光,有些自然擦痕,蜡状光泽,肯定受到构造应力的作用。

他的结论是:这块玉料来自山上。

也就说,玉料,良渚人是直接从山上开采的。

这块料的另一边坑坑洼洼的,专业说法是——有着没有磨圆度的玉皮。

但是,上世纪90年代,良渚遗址群塘山金村段制玉作坊出土的大批玉料,却不是这样的情况。

【方向明日记】

12月20日,T1结束,为了与土墩地层衔接对照,决定先清理土墩南部断面，那里灌木丛生，我亲自动用山锄，在高出水田约 70 厘米处发现异样石块，可惜被我挖破了一点点，在水田里清洗后大喜过望，原来真是玉料！连忙拍摄场景。收工时天色已晚，费国平和我一起回吴家埠工作站，一进门我就向王老师报告意外消息，王老师也甚喜，当晚，大酒。

2002 年 4—7 月，考古队员再次对塘山金村段进行的发掘，获得了 460 余件玉石制品，发现了与制玉有关的石砌遗迹 3 处。《中国文物报》2002 年 9 月 20 日第一版发表了王明达、方向明、徐新民、方忠华联合署名的《良渚塘山遗址发现良渚文化制玉作坊》一文，认为塘山是一处良渚先民人工修筑的防洪堤，其上的制玉作坊是利用塘山地势较高、相对安全的条件选择的地点。

方向明在塘山金村段发现的玉料，外衣光洁，为什么？它们从山上崩裂下来后，掉到河滩里，溪流不断滚动，毛茸茸的"外衣"消失了，最后剩下了玉的精华部分。

而中初鸣的这一块，不可能是这种情况。

玉料上毛茸茸比较"烂"的外衣还在，证明它是"纯种"的、来自原产地的、无添加的原生态，它就来自山上，没有经过自然搬动。

总结一下，良渚人是怎么拿到这些玉料的？一种，是从河滩里捡的，比如塘山金村段发现的玉料。另一种，像中初鸣发现的这种玉料，就是从山上直接采的。

哪座山？

良渚玉器闻名天下，可是这么多年来，玉矿在哪里，也就是良渚玉料的原产地在哪，我们还不知道。

目前有迹象显示，有可能来自西侧的天目山系中。

王明达等考古学者曾在良渚遗址群及其西部进行过短期考察，结合地质构造分布图，认为天目山脉有生成玉矿的地质条件。

但是，中初鸣与原料产地有一定的距离，与周边良渚文化遗址也有相当的间隔。

还有一些半成品，也有点特别。

如有一块，原来是一个成型的器物，可能是玉钺，但碎了，良渚人没有扔掉，而是废物利用，进行再加工。

"这跟我们在塘山金村段发现的玉料情况一模一样，塘山也有很多废的玉琮、玉璧、玉钺，当做废料来加工，这么神圣的刻着神像的

塘山出土玉料

1996年12月—1997年1月，由王明达领队，考古队员在位于良渚遗址群北部长约4公里塘山金村段进行试掘，有重大发现。

琮,照样射口被切掉,去做低端的锥形器去了。"方向明说。

总结一下:工厂不做玉钺,也不做玉琮,订单产品单一,产量大,玉料来自山上,不是河滩里捡的。

那么,良渚人是怎么把玉料带到中初鸣来的?既然是山上开采来的,又是谁给他们的?

方向明还有一件事想不通,跟中初鸣看似无关,实则有关。在良渚文化中,几乎所有的玉器都有神像的影子,神像完全主宰了良渚玉器,从早到晚,一直存在。

但画遍良渚玉器的他发现,神像到了最后,拐角怎么变得不圆润了,方方正正的,这种风格的变化,会不会跟它的材料变化有关系?

"本来椭圆画得很椭圆,眼角也很圆润,弧线很美,但到最后,线条开始变得有点傻乎乎的,我经常说有点呆板,这就很奇怪。有人说是不是人群发生了变化,但这已经是没有答案的了,那批人群已经找不到了。而且如果人群发生变化,陶器什么都应该有变化,不可能只是玉器的问题。可能有多重因素,材料是一个大方面。"

未解之谜很多,但此地的意义,明确无疑——

良渚晚期用玉和获取方式发生了重大变化,是良渚晚期社会发生嬗变的征兆之一,也为正在寻找玉矿的课题提供新启示;有别于以往发现的各类各级良渚文化遗址,它是良渚文化田野考古的新内容；它是继良渚古城外围庞大的水利系统、临平茅山大面积的水田，以及玉架山多环壕聚落的又一重要发现，丰富了良渚古城外围考古的内容；它反映了远距离大规模专业生产的模式，为讨论良渚文化晚期的社会结构、聚落模式和手工业经济模式提供了丰富的资料。

这是一笔有"问题"的订单，却让人觉得有些兴奋，中初鸣的出现，让我们离答案，离良渚人又更近了一步。

和良渚古城有啥关系

悬疑剧放到这里，关于这笔订单的内容，可以说已经巨细靡遗。但是，如何解开良渚人的秘密，考古人的目的，并不是单纯解决玉料的原料，或者工艺问题，更重要的是这些材料背后反映了什么。

有一个关键问题，很多人会问起：这笔看上去档次不高的订单，跟王有没有关系？王知道吗？

换句话说，德清中初鸣的这个制玉遗址作坊群，跟良渚古城，有什么关系？

发掘中初鸣的这两年，方向明经常从杭州城西的家出发，骑车到德清，31公里，骑2个小时，对这位运动狂人来说，小菜一碟，这是从杭州到遗址最近的路线。

而良渚古城离德清中初鸣的距离，只有18公里，开车半个小时就到了。他们离王还是很近的，比茅山和玉架山都要近。

严文明先生曾在《华夏文明五千年，伟哉良渚》中说："茅山遗址发现的八十多亩的水稻田，很可能是良渚国的国营农场。"

有国有粮仓，有国营农场，那么中初鸣，是一个跟良渚古城有关的国营制玉集散中心吗？

听方向明从几个角度来分析。

先说说这18公里的距离，跟古城有没有关系？

北京大学教授、中华文明探源工程首席专家赵辉说过，良渚古城的粮仓被烧掉，这里2.4万斤（莫角山东），那里40万斤（池中寺粮仓），可以推断古城的人口数量在2万人左右。于是，浙江省文物考古研究所的郑云飞博士推算出了当时的粮食亩产量：141公斤。如果是这样的亩产量，按照茅山来算的话，要2000～3000个那样的村落（遗址）来支持良渚古城的日常运转。因为古城里的人不劳动，不种水稻，那这100平方公里的范围，是远远不够的，所以我们的调查范围拓展到了1000平方公里，自然就包括了余杭的东部，以及德清。

所以从距离上看，此地需要被王照顾到，反过来说，也需要为王服务。

另一方面，这样大规模的制玉作坊遗址，原料从哪里来？德清不产玉料，良渚人还是要跑到良渚古城所拥有的玉矿这里来。

第三方面，保安桥遗址点发现的4个墓葬中，陶器的组合方式，就是鼎、豆、罐、壶，这和良渚遗址群、临平的墓葬出土的陶器一模一样，属于良渚人的标配，成组锥形器作为头饰，更是典型。

但是，到了嘉兴地区就会不一样，像海宁小兜里的盉就特别多，包括桐乡新地里，酒水器比较发达，而跑去上海看，双鼻壶就会特别多（双鼻壶很少埋在墓里）。但中初鸣的酒水行业好像看起来不发达，"我想喝酒肯定是喝的，可能因为和王挨得比较近，比较严格，不太敢喝多，禁酒，否则刻玉器要眼花的"。

所以，这个遗址，现在专业表述为良渚古城外围大型制玉作坊遗址群，跟水坝一样，前缀也是"良渚古城外围"。

我们再回过头看交通环境。

方向明觉得，这里的地理位置其实蛮有意思的——近，但又不是特别方便。

我们说此地水路发达，但这句话其实有另一层意思，虽然它靠近现在的苕溪和京杭大运河，但水网发达，就跟

中初鸣遗址保安桥1号墓

摆迷魂阵一样,隐蔽性很强,容易到死胡同里去。

所以,这个地方做玉器,并不是特别适合,与原料产地有一定距离,周边也没有特别大的聚落,方向明认为种水稻也有难度,太低洼,台面的海拔只有2米多。雷甸的甸,草甸子,说明此地地势低洼,"无人机上去一拍,全是水汪凼"。

为什么良渚人费尽心思要把制作低端玉器的"工业园区"放到这里?现在,我们还无法完全解决这些问题,"如果最后确定与良渚古城存在密切的关系,这意义的重要性就更毋庸赘述了"。

乾隆和"玉辋头"

如果要选出一位良渚玉器的"粉头",大概非他莫属:乾隆。

故宫博物院现藏良渚文化玉器近60件,主要为琮、璧、璜、环、管、锥形器、异形器等7大类。玉琮最多,共16件,其中清宫旧藏11件。

四爷对玉琮是真爱,9节、10节玉琮,全部值得拥有,但看起来总觉得哪里不太对劲。

琮、璧、璜上,有乾隆帝的御制诗,而且,玉器的颜色也做了加工,有的通体染成了褐色,器物外缘还做了改雕。有一只玉琮,下面加了紫檀木底座,摆上书桌,成了四爷的书房用品。

故宫里没有一件考古出土的良渚玉器,大部分为清宫旧藏,也就是我们说的传世玉器,还有13件为20世纪五六十年代收购的,其中不乏明显盘玩过的熟坑玉器。什么意思?考古出土的良渚玉器主流色是鸡骨白,但我们在乾隆和"玉辋头"

故宫看到的良渚玉器，近乎褐色甚至肉红色，这便是传世盘玩过的颜色。

实际上，良渚玉器出土的历史连绵不断，那么，良渚玉器比较早被人们"利用"，是什么时候？

1986年，苏州吴县（今属苏州）严山的春秋晚期吴国的墓地，出土了相当数量的良渚文化玉器，不过，都长得很奇怪——其中有6件玉璧，吴国贵族做成了配饰，还有剖为一半的玉琮——这样子太不像了。

它的上下两端有射（琮类玉器两端锐出的部分）口，琮体为节线分为9节，两头钻成的中孔内壁还留有旋纹。王明达观察，这切割的痕迹，是用砣加工割开的，并不是良渚文化惯用的线切割。

剖为一半的玉琮

吴国本土基本上和良渚文化的分布范围吻合，在吴国境内出土良渚玉器并不奇怪。这件半琮，应该就是春秋时期吴人把它当作玉料使用的物证，也是目前太湖流域发现最早的古人对良渚玉器的"再创造"和利用的物证。只不过，吴国人对2000年前的良渚玉器，完全不认识，

—143—

只是当做玉料使用而已。

良渚玉器的利用案例,还有比苏州严山更早的,如距今4000年的陕西神木把良渚玉琮切片做成玉刀、商末周代的金沙遗址出土的十节琮、西周侯马晋侯墓地8号墓出土的玉琮,等等。不过也有专家认为,这些并不是良渚"亲生",顶多称为"良渚式玉琮"。

再稍晚一点,2003年,海盐天宁寺镇海塔的元代地宫中,发现了直径达24.8厘米的良渚大玉璧,居然作为青铜壶的底垫了。

到了唐宋时,良渚玉器是什么,大家都不记得了,功能也不清楚了,更不认识它的图像和纹样,但从造型来看,都觉得好看,于是,有人开始仿制,比如宋人、清人做成了青釉琮式瓶,有的还用铜器改成琮,作为文人用品,这也说明玉器发展到后世,越来越世俗化,生活化,可以成为日常用品了。

就像我们,如果完全不了解玉琮,按照视觉习惯,总觉得它应该上小下大放,这样也稳嘛。谁知道,良渚人首创的玉琮,全部有意做成上大下小的形制,可以仰视,与天地沟通、

1. 江苏苏州张陵山遗址的镯式玉琮——目前所知年代最早的玉琮

2. 四川成都金沙遗址出土的商代玉琮

3. 甘肃礼县大堡子山出土的春秋早期玉琮

乾隆和"玉辋头"

对话。玉琮和上面的神像，投射了他们的宇宙观。

事实上，出土的良渚文化玉器很少发现使用痕迹，它不是日常实用的，包括玉琮在内，多是葬礼用玉。

我们在反山 12 号墓里看到，琮，有多种用法。有的做"枕头"，有的可以套在手臂上，但有的根本套不进。做玉镯的工艺上有标准，现在女孩子戴手镯，镯子的标准内径一般是 5.6 厘米，手才能套得进去，而我们琮的内径大部分都小于 5.6 厘米，而琮王只有 4.8 厘米。

江苏涟水三里墩汉墓出土的西汉银鹰座带盖玉琮

所以，放反和花式文创，都不能怪四爷，每个年代都有每个年代的知识局限，时代总是向前发展的。

热爱生活的乾隆帝，把良渚玉琮做了各种花式改造。他最喜欢的"良渚文创"，是把玉琮做成笔筒、插花器。

良渚古城"申遗"成功后，故宫举行了良渚玉器展。王明达先生特意提醒我：去看看那只"兔子耳朵"有没有展出。

兔子耳朵？

我找了半天，才看到它，原来，它穿了一件"马甲"——乾隆贴心地为它"穿"上珐琅铜质内胆，变身为一只雅致的插花器（花囊）。

看见——良渚王国记事
5000年

王明达说，在故宫博物院藏的良渚玉琮里，最有名的就是这只"兔子耳朵"。

他曾在库房里见过它，一件两节矮方柱琮，上面是兽面纹，下面是人面纹。因为玉器受沁，清人重新做了打磨，把玉琮内孔重新钻孔打直，显露出原玉料颜色为青绿色，配上珐琅内胆。而玉琮的兽面部分，神兽大眼睛边缘被磨掉了，变成了两个圆弧状，像兔子耳朵，所以这件大玉琮俗称"兔子耳朵"。

清宫造办处玉作坊的工匠都是高手，但是，因为没有人看懂神像，打磨后的纹样必然走了样。

这件玉琮直槽里，刻有乾隆御制诗文《再题旧玉辋头瓶》——此前,乾隆四十三年（1778）秋，在另一只玉琮插花器里，四爷已经写过一首《咏汉玉辋头》。

乾隆五十八年（1793），他已经82岁了，又忍不住咏了一回，说明乾隆帝年老时，依然认为它是轿子抬竿上的装饰。

为什么乾隆帝一直把玉琮当做轿子上的辋头？这件事，我们得为四爷"正名"。

△ 1
―
2

1. "兔子耳朵"玉琮

2. 这只良渚玉琮内壁刻乾隆御题诗《咏汉玉辋头》

乾隆和"玉辋头"

从明代到清代，人们对琮为何物，没有固定的概念，按照清代人的观念，玉琮被普遍解释为汉代人套在横杆两端，供人抬轿子或乐鼓的"辋头"。所以，这种认识由来已久，可能最晚从明代已是如此，乾隆只是因循旧说而已。

但认真的乾隆帝自己又去考证了，认为以前叫"辋"不对，应该叫"杠头"或"扛头"，不过也不必更改。所以他后来就"咏扛头"了。

故宫博物院器物部研究馆员徐琳对清宫内务府档案中出现的这三个名字的次数做了统计："辋头"有3条，"杠头"有357条，"扛头"也有214条，一共574条。而关于玉琮的记载仅仅只有两条。

所以，清代对玉琮的真正称呼，就是"扛头"之类，给它配个华丽丽的内胆，是标配，称为"辋头瓶"。

徐琳还查到一件玉琮，还有黄条记载：嘉庆十一年二月，"玉杠头痰盂"，好嘛，这只玉琮被改制成了痰盂……

我们再看他早年那首《咏汉玉辋头》，乾隆四十三年（1778），这首诗题在被改造成另一只插花器的玉琮内壁。其中有一句："辋头曰汉古于汉，入土出土沧桑更。"乾隆认为这件玉琮的年代其实早于汉。

到底是玉器"十级学者"，四爷很敏感，他对眼前的玉琮究竟是不是汉代的，其实是有疑问的。

—147—

在乾隆帝的手里，中国玉器制作达到了最高峰。他亲命造办处设计纹样、雕琢玉器，做了改制和防护。因为他是个大收藏家，要让玉器历代相传，促进了制玉工艺的发展和提高。

台北"故宫博物院"也藏有很多良渚玉器。台北"故宫博物院"研究员邓淑蘋女士，写过大量关于清宫旧藏玉琮的研究著作。在《乾隆皇帝的智与昧：御制诗中的帝王古玉观》中，她把那些年乾隆帝没有"放过"的玉器全部梳理了一遍，其中就有大量良渚文化玉器。

清宫造办处玉器作坊做的玉，确实精美，但是，乾隆对古玉的认识，邓淑蘋说，只能打15分。

比如一件玉璧，乾隆帝勇敢地签上了自己的名字。

一块良渚玉璧，一面浮雕"乾"字，一面浮雕了八卦中的乾卦。虽然这次四爷没有题上御制诗，却雕上了更为重要的个人符号"乾"，邓淑蘋认为，此璧比其他数量庞大的加刻乾隆御制诗的璧，更为珍贵。

全世界目前发现的良渚文化玉器有18000

△ 1 / 2

1.乾隆题诗玉琮，加了插花、置笔用珐琅铜质内胆

2.乾隆御题诗良渚玉璧

乾隆和"玉辄头"

件左右，但再加上民间收藏、馆藏，应该超过2万件，甚至更多。台北"故宫"藏良渚玉器，目前有清宫旧藏43件，收购和接受捐赠44件。

关于良渚玉器流散欧美的情况，邓淑蘋查找了早期出版的书籍，大部分良渚玉器也都被定为周代、汉代。

早年欧美学者著作中，良渚玉器不是主流。比如1912年，贝托尔德·劳弗（Berthold Laufer）出版的《玉器：中国考古学与宗教》（Jade: A Study in Chinese Archaeology and Religion）中，没有真正的良渚玉器。还有学者阿尔弗雷德·萨尔莫尼（Alfred Salmony）在1938年、1952年、1963年先后出版三本颇为厚重的关于中国古玉的书。前两本书中有半圆形器、三叉形器、高琮等，但都定在周代。而1963年出版的专著中，公布了弗利尔美术馆三件玉璧上的鸟立高台符号，但当时也被认为是商代玉器。

乾隆的"文创"玉璧

良渚古国有文字吗

良渚刻画符号的发现,和良渚遗址的发现,是同时的。

1949年以前,施昕更、何天行是最早发现、发布良渚文化刻画符号资料的两位学者。尤其是施昕更发现的材料,通过科学发掘得来,也是良渚文化刻画符号最早一批考古资料。

20世纪90年代前后,良渚遗址群发现了很多中小型墓地和居址,人们在出土陶器上发现了大量带有刻画符号的陶器,后来,人们在石器上也发现了不少符号,而玉器仅占3%。这说明良渚人的书写载体是多样的,但这些符号能和显贵大墓的墓主人联系起来的少之又少。

良渚文化目前共发现750多个刻画符号,340多种类型。有单个符号,像花、鸟、龙虾、

1、2. 卞家山刻符
3. 甲骨文"五"

良渚古国有文字吗

鳄鱼，还有类似咬了一口的苹果那样的刻画符号，样子形态各有不同。专家对资料发表比较详尽的656个符号进行了分析，发现60%左右的符号都刻画在器物的底部，80%都是烧前刻画的，大部分符号在制作之前就已经完成了。

有一些符号，看起来和甲骨文很像，比如"王""土""五"。在卞家山遗址出土的夹砂黑陶上的符号，就和甲骨文的"五"很相似。

良渚人究竟想表达什么，还真的很难说——这其实并不是重点。就因为无解，我们不妨开一下脑洞，先看几个典型案例。

1

良渚时期发现了多件刻字石钺，比如庄桥坟遗址，在浙江平湖林埭镇，是目前良渚文化遗址中发现刻画符号最多的一处遗址，有240多个。

有一件石钺的两面都布满了符号。A面，6个竖排的符号，呈"卜"和"日"的形状，两两重复，成为类似"日卜日卜日卜"的句子，像刻了一句话。

平湖庄桥坟遗址石钺A面上的"一句话"

如果是符号，一般都是单个出现，而且画得很随意。但是这六个字，明显进步得多，笔画、笔顺、构形都呈现出规范性。最重要的是，它在一件器物上重复出现，"连字成句"。

很明显，这些符号，已经具有某种语言的记录功能，比一个"勾"、一个"叉"的符号更为成熟。对于这些"句子"，如今，它有一个专门定义：有多个刻画符号组合排列在一起，具备文字的功能特征，可视为原始文字。

这些原始文字不同于其他刻画符号一个个零散孤立地出现，而是"连字成句"，具有文字特有的表意功能。

再转到石钺的 B 面。

你一定会脱口而出：这不是"郑"字嘛！旁边还有一些凌乱的图画式符号，仔细看看，有点像鸟。

"郑"只是我们的猜想。"郑"的左右两边隔得比较开，中间留的空间有点大，所以这个符号很可能是两个单独符号。但良渚刻画符号里，能和现代文字联系在一起的有很多，比如一、二、三、田、口、井、王，有很多很像或者一样。

平湖庄桥坟石钺 B 面上的"郑"

良渚古国有文字吗

2

大眼睛，小胡须，貌似猪的鼻子，萌萌哒。看样子，这应该是某只小动物，究竟是谁？

1972年，有人在江苏澄湖采集到了这个陶罐，口子上已经残破了，但惊喜的是，罐身上一圈有5个图案，仔细看，似乎都是不同的动物形象，比如这只，有学者觉得是猫，你看像不像？

在刻符发现比较早、数量出土较多的黄河流域，5个连续成组的符号也很罕见。

难道是这个罐的主人的宠物？这些图案都是罐在烧之

△ 1　江苏澄湖的刻画陶罐
　 2　江苏澄湖陶罐上纹饰展开图

看见——良渚王国记事
5000年

前刻的，用的是竹管，或者断掉的芦苇管，线条流畅，而且5个图案大小差不多，留白合理，很明显之前已经设计好，不是即兴发挥。

3

鸟崇拜，在新石器时期是很普遍的，到了良渚文化时期，更达到一个新高度，到处都是"鸟语"。当然，它不会随随便便出现在任何器物上，只会挑高级的地方呆，比如玉璧。

这只鸟就被刻在玉璧上，而且还站在一个高台上，高台上还刻了类似龟、蝎子的动物，

△

1	2
3	
4	

1、2、3.良渚玉璧和上面的鸟立高台刻纹

4.杰特的荷鲁斯名牌

-154-

考古学家起的名字很直白:鸟立高台。这个玉璧可能与祭祀有关,可能是巫师和以鸟形象出现的天神之间交流的密码。

有意思的是,古埃及第一王朝时期法老的荷鲁斯名牌(荷鲁斯名是法老名字的一种,荷鲁斯是古埃及法老的守护神),和良渚的"鸟立高台"的造型酷似。你如果去法国卢浮宫,就能看到第四任法老杰特(Djet)的名牌。居然如此巧合,大家几乎是差不多同时期的小伙伴啊。

4

人家都是发个图,这个余杭南湖的良渚人居然在圈足罐上发了一句话,12个"字"!

这是其中一个图案,很明显又是一个小动物,你猜是什么?

著名古文字学家李学勤认为是"虎",只是略瘦弱了点。他还读出了其中8个字:朱旗践石,网虎石封。

良渚"文字"已经会"连词成句"了?

只是,他究竟要说什么呢?有人觉得,可能是"人拿着劳动工具钺去抓老虎"。但请注意,良渚人是从左到右写字的,还是从右往左写字的,我们还不知道呢。

5

苏州澄湖良渚文化遗址的水井里,发现了一只泥质黑陶贯耳壶，这是一种盛水器，左右两只耳朵可以栓绳子打水。上面发现了5个连续排列的符号，排第一个的就是八角形星符号，这种识别度很高的符号，在良渚文化里目前只发现了两个，另一个在上海马桥遗址。

说到八角形图案，不妨多说两句。

没有朋友圈，没有交通工具、通讯设备的年代，相隔千里之外，穿越千年的古人之间，精神思想上的交流是怎么展开的？

比如说，我们根本无法想象东北的红山文化与长江流域的凌家滩文化之间有什么关系，但考古发现，两个地方同时发现了形象一样的玉人。那么，在距今7500～5500年，湖南人和浙江人之间，有没有神交，有过某种深刻的精神信仰交流，甚至文化传承？

八角星纹说，当然有的，就是我。

中国史前艺术有三次高峰，离我们最近的是良渚文化的玉器，再往前是庙底沟文化彩陶，而目前所知最早的一次艺术高峰，就是7000年前的湖南高庙文化白陶。

7500年前，湖南的环洞庭湖平原及湘江、

南湖12个字圈足罐

陶罐的 12 个字

神树　月？　神兽　田？　钺　神树

良渚原始文字（余杭南湖）

鹿钺（上海广富林）
献给神的猪（江苏蒋庄）
天地宇宙观需要权力的钺、亢奋的鼓和战斗的矛来保障

12个"字"引发的猜想
方向明绘

沅水中上游地区，出现了最早的白陶，并形成区域传统，延续时间长达2000年，是中国南方史前白陶的起源地，也是传播中心。

迄今为止，最早创造八角形（星）图像的，就是湖南人。内方八角，在高庙文化、汤家岗文化的白陶盘上发现了多例。而良渚人这只贯耳壶上的八角星纹，方向明认为和琮的设计有关。安徽凌家滩的玉版，中间也是一个很标准的八角星（参见本书《良渚人从哪儿来》一节）。这块玉版发现时，被夹在了玉龟中间（背甲和腹甲之间），或许还是和天地信仰有关。

良渚古国有文字吗

关于文化的共通性，湖南省文物考古研究所所长郭伟民这样解读："日月天地云气，演化为阴阳五行，这些中国最基本的宇宙观，都可以在古老的新石器文化中找到根源，并与史前白陶所表达的图像意蕴多有相似之处。"

除了符号之外，这个贯耳壶没有其他纹饰，质量很好，跟良渚古城里贵族用的陶器差不多，这五个符号或许表达了一组意思，或许可以当做是良渚人使用的文字。

苏州澄湖出土的贯耳壶

汤家岗遗址出土白陶盘圈足外底部的八角星

符号是携带着意义的记号，文字是记录语言的工具，它也是符号的一类。良渚人的这些符号也一定携带着它的意义，但是这些符号是不是就是文字了呢？目前不同的学者有不同的看法。

比如"×"，不是文字，而是符号。比如画了一只鸟，我们可以说是指示"鸟"的文字，但也可以说是指示"歌唱"这个动作的文字。

这些年，良渚文化发现的符号里，有些是一般的符号，有一些可能是文字。

虽然目前我们还无法释读出良渚人究竟要表达什么意思，但有一点可以肯定，这是他们生活情趣的真实写照，是对日常生活的某种表达，或记事，或吐槽，或抒情。

它可能已经具有了某种记录语言的功能，有表意的意思在里面，能记载一件事情，像甲骨文一样，比如天气、打猎、征伐。但目前，我们还无法精确解读其中的意思。

因此，我们不如去客观地描述它，比如它像某种植物，像某种动物，不要过早定论它是什么字。越早下结论，错误概率越大，是要闹笑话的。

那么，是谁画下了这些符号？

烧前刻，符号比较简单，且位于比较隐蔽的地方，可能是陶工——但他们也可能是器物的拥有者。良渚博物院学术研究部副主任夏勇先生说，这些符号没有相应的词语去描述，所以很难对它的刻画者定性。林留根先生认为，它可能是使用者、也可能是继承者，很复杂，不能说只是工匠，他们可能是脑体结合的高级知识分子，类似乔布斯这样的人。

而刻下原始文字的人，则应该具备一定的文化水平，一定是个脑力劳动者，与刻画一般符号的普通工匠当属不同阶层，显示出劳心者和劳力者的区别，产生了社会分工。

文字是人类文明的重要标志，有一个从单一的表意符号，向成熟的文字系统过渡的阶段。甲骨文距今3300多年，是文字的成熟阶段，这是毋庸置疑的，但在它之前，还有着起源和过渡时期。

而良渚人的原始文字，有了"文字"的加冕，又比甲骨文早1000多年，我们容易把它和甲骨文联系起来，一旦破解这些"密码"，它的意义就不一般了。它们之间是否有某种"血缘关系"，是不是中国文字的起源？

这在学术界，尚是一个需要探索的问题。用不少专家的话来说，它们两位，还未必是一家人。

林留根先生认为，刻画符号对夏商周文化也产生了一定的影响，但它是不是汉字系统的源头，还很难说。

在仰韶文化、大汶口文化的遗址中，也发现过刻画符号，它比良渚文化更早，它们与中原文明的起源更紧密，但都与甲骨文形体联系不大。

古文字学家曹锦炎先生说，不能简单地和甲骨文比，甲骨文是和现在的汉字系统一脉相承的，一些良渚刻画符号看起来像甲骨文，但它只是良渚时期的原始文字。文字，不等同于汉字。

也有人认为，刻画符号一步步发展成原始文字，或许慢慢进化成了甲骨文。但复旦大学教授高蒙河认为，它们可能属于两条不同的家庭谱系，各有各的成长源流和脉络。

比如，在平湖庄桥坟遗址之外，考古界曾在山东龙山文化的丁公遗址，以及江苏龙虬庄遗址，都发现过原始文字，龙虬庄至少和良渚人的"爸爸"崧泽人是同辈的。这些文字，就明显和甲骨文缺少直接的源流关系。

甲骨文是直线条刻画出来的块状文字，而丁公遗址等地发现的原始文字，不少是呈曲线笔画的，一团一团的，这种文字再发展，也不太可能成为甲骨文。

还有一个证据，也说明他们之间不是简单的"先来后到"的关系。

晚到战国时期，工匠仍然会在器物上刻画符号，而这时明明已经出现了文字，为啥还要画符号？

刻画符号、原始文字和甲骨文之间的"三角恋"，错综复杂，就像猴子的进化一样，一部分变成了人，有一部分还是猴子。

至于庄桥坟发现的原始文字，是不是中国文字的起源，就更不能盲目地下结论了。

"汉字的源头可以追溯到甲骨文，但是甲骨文作为一种成熟文字，它的源头在哪里？其实有一些很零星的线头。比如天干地支中的酉，有人认为就是对小口尖底瓶的摹写。这些线头所在的主体随着人群发展到后来，就消亡了，只留下一点碎片被中原所吸收。"夏勇说。

中国文字可能是多地区、多起源的，不同的支流一点点统一起来，有的消失了，有的变成了死文字，有的成为了甲骨文。

中国文字的起源，至少从目前已有的考古发现看，不能用单一起源说，而应该实事求是地展现多元说。

良渚人去哪儿了

关于良渚文化衰落的原因,众说纷纭。

良渚文化晚期,代表身份等级和地位的特殊资源玉料发生了枯竭,对权威和信仰体系产生了巨大的挑战,而致命的一击,可能来自这一区域环境气候的巨变。

茅山遗址在广富林文化(距今4100—3800年)时期的农耕层,发现了80个清晰的牛脚印,洪水带来的黄褐色粉砂土覆盖其上,脚印得以清晰保存下来,说明牛走过之后,这里曾第一次遭到洪水的侵袭。

距今约4100年,考古专家发现了厚约1米的洪泛层,说明这场洪水泛滥持续多年。良渚周边这1000平方公里的盆地不再适合人类耕种居住。

植物考古学家还观察到,良渚这一带按常理是常绿阔叶林,但根据现在的木材鉴定,常

留在广富林文化时期农耕层上的牛脚印

绿阔叶林不占多数，还有一些落叶阔叶林和一些针叶林。说明周边的原始森林跟植被遭受了很大破坏，这也是非常致命的。人们赖以生存的原始资源，遭到了毁灭性破坏，这是内忧。

还有外患。周边的人群兴盛起来了，山东龙山文化大幕即将开启，在距今大约4300年前，良渚王国衰落，繁盛一时的中心遗址废弃。

原来良渚是一颗耀眼的明星，一个很辉煌的文明走向衰亡，是可以理解的。

此地何时恢复生活气息？

考古队员通过解剖城墙，发现良渚的城墙在汉代就已经被破坏，而汉代的文化堆积上面，还能看到明清时期的文化堆积。而在汉人来之前，这里有一层厚约60厘米的洪水淤积层。

这片灾后的土地超过2000年荒无人烟，直到战国以后才又逐渐恢复生机。

延续千年之久的良渚玉文明，落幕了。然而，那些特征鲜明的玉器，特别是琮和璧，并没有被人遗忘。

本地虽然中断了，但良渚文化创造的一些因素传承到中原地区等，成为中华文明的一个部分。良渚文明中的都城规划建设，以及玉礼器系统体现出来的礼制观念，都被后世吸收、借鉴，成为中华文明"多元一体"发展进程中的重要源头。

良渚文化的琮、璧、璜，成为周汉"六器"玉礼系统中重要的组成部分。就玉礼制度而言，良渚文化是中国玉器文明的一大源头，是中国数千年"礼制"的主要源头。

水路是古代先民交流和传播文化的重要通道，良渚文明的因子，借由琮、璧等玉器，向周边扩散。一直持续到商之后，在商代高等级墓葬中仍然可以发现玉琮，尽管与新的贵族用品青铜器相比，已经相形见绌，非常粗糙。

我们还是拿玉琮做例子，从良渚一直延绵到商代、两周、宋代、清代，玉琮的流传，纵贯整个中国古代社会。谁叫它首创于良渚文化呢。

如果把各地的玉琮哗啦啦一字排开，上海、江苏、广东、甘肃……高高低低，各有所长，你有1节，我有10节，他居然有12节……

其实，这没什么好特别骄傲的，因为越到后代，琮长得越高，但是刻纹也越粗糙，越来越不精细了。

还有一个重要的变化。

在商代的玉器上，我们仍然能看到鸟和动物纹样，但是曾经占据主导地位的神人兽面纹，良渚文明的精髓，被全部抹去，随着良渚文化一起消失了，好像它从未存在过。

问题来了。良渚人去哪儿了？

我们熟悉上山文化、跨湖桥文化、良渚文化，对好川文化这个名字，可能觉得陌生。

1997年，浙江省文物考古研究所与遂昌县文物管理委员会，对位于浙江省遂昌县好川村岭头岗的好川墓地，进行了抢救性发掘，清理墓葬80座，灰坑3个。它上接良渚文化，下接马桥文化。

良渚人跟好川人很亲密，用当年考古领队、浙江省文物考古研究所研究员王海明的话来说：它是良渚文化的"外甥"。

好川人和良渚人究竟有什么关系？

有一位专家曾经这样描述："逶迤绵延的仙霞岭，山间丘陵的岭头岗，好川。4300年前，良渚晚期，到底发生了什么？好川,.原来的主人，是谁？那里，毗邻赣闽，他们有多大的地盘？"

良渚文化晚期，也就是良渚先民走到了历史进程的最后时刻，他们去了哪儿？

好川，一定是重要的去向之一。

1997年4月，好川村岭头岗的一块地本是村里的茶园，当时茶叶不景气，村民想把茶园改成水田，已经做好水渠，在用推土机作业的时候，发现了不对劲，一推推出了好多陶片。

当时，从杭州到好川交通很不方便，刘斌和王海明坐了一夜的车才到。他们发现岗顶上有一大片墓地。

其中，有23座墓葬随葬着一种非常特殊的器物，共发现了26件，出土时仅见红色漆痕。但最重要的是，大家发现，它的表面大部分镶嵌或粘附着各种不同形态的几何形石片、几何形曲面玉片。

浙江省博物馆藏有嵌玉漆器（原件），它在良渚文化高等级的反山墓地、瑶山墓地、福泉山墓地中都有发现。而好川文化发现的镶嵌玉（石）饰片的漆器的整体形状，与良渚文化卞家山遗址出土的漆觚十分相似。

这还不是关键证据。最让专家兴奋的，是有"三个台阶"的小小玉片。

60号墓，是好川墓葬群中最大的合葬墓，专家也发现了22片不同形状平面、曲面玉片，其中，有特殊形态三台阶状玉片2片，就跟大拇指指甲差不多大。

熟悉良渚文化的人应该知道，有一个标志

好川出土的玉片

看见 —— 良渚王国记事
5000年

性的刻画符号，经常会出现在良渚高等级的玉璧上——一只小鸟，站在三个台阶的祭坛上。

而这些指甲大小的玉片，恰恰是三重台阶状的（祭坛状），跟良渚刻符一模一样，这正是好川文化与良渚文化密切关系的重要实物证据。

好川的文化面貌，一看很独特，但我们能找到前后的联系，比如鬶（一种炊煮器）、豆（一种盛肉或其他食品的容器）很多，这在良渚晚期就开始有了，一脉相承。

2001年出版的《好川墓地》发掘报告，系统全面地公布了好川墓地80座墓葬的全部资料，在对全部考古资料进行分析梳理的基础上提出了"好川文化"的概念——以浙江遂昌好川遗址命名，并认为其相对年代为良渚文化晚期，起始距今4300年。

很多人会有一个疑问，一种"文化"能够被命名，需要哪些条件？

夏鼐先生提出了考古学文化命名的一些原则，并写成《关于考古学上文化的定名问题》一文公开发表。*中国考古学界一直以他的意

△▷

1	5
2	6
3	7
4	

1. 好川60号墓

2-7. 好川文化陶器

见作为指导，命名了一系列考古学文化，比如我们的良渚文化。

命名一般有三要素。有一定的空间（地域）范围，有一定的时间（年代）跨度，有一定的文化特征的遗迹遗物。例如一组有特征的陶器，例如玉琮、玉璧、玉钺等玉礼器。

更重要的是，在好川墓地发现之后，2002年的温州曹湾山好川文化聚落遗址，以及2004年好川岭头岗东北坡平民墓地的发掘，更是丰富了好川文化的内涵。

而江山山崖尾遗址好川文化墓葬也再次进行了调查勘探，墓葬形制和好川墓地相同，呈方形。1979年，考古学家牟永抗先生便在江山做古遗址古墓葬调查，对于山崖尾遗址的灰坑单元，他很明确地表示：这和良渚有关。

因此，好川墓地、曹湾山遗址、山崖尾遗址是好川文化三个不同等级聚落的典型代表。如此一来，好川文化的范围就更大了，从仙霞岭的中心，一直到瓯江。

良渚文化、好川文化与周边多种文化的相互碰撞、交流、融合、吸收，也许正是中国史

---

* 夏鼐，《关于考古学上文化的定名问题》，《考古》1959年4期。

前文化发展的一个典型特征。

好川文化既然出现在良渚文化的晚期，很多人都会把良渚文化的消失，跟好川人的出现联系在一起。

4000多年前，良渚王国神秘消失。几乎同时，浙南山区的崇山峻岭中，一个叫好川的地方，赫然出现良渚人的足迹。它们之间发生了怎样的故事？

当年发掘，王海明写过一首诗，大意是：良渚人往哪里去，往深山大坳里去。

原来，我们对良渚文化的后续去向不是很明确，现在至少知道有一支，沿着钱塘江往好川方向走了。刘斌的理解是，当地应该是有部族的，良渚人到了那里，慢慢被当地同化了，良渚自身的因素越来越弱了，当地因素越来越强了。

我们可以这样理解：良渚文化的"近亲"到了好川、温州，如果用学术语言来表达——良渚文化的去向，现在找到了最重要的目的地之一。

因为良渚文化往南去，富阳、永康、桐庐也有，浦江其实也有，但是面貌发生了一点变化。比如说良渚文化的墓葬无一例外都是南北向的，但是好川文化的墓葬统统都是东西向的。

但是，不能说它的出现，就意味着良渚文化的消失。

我们现在可以证明，距今 4300 年前，良渚古城还是很辉煌的，但后来它消失了。良渚人不可能无缘无故失踪，他们有一部人是往北过了长江。

过去学界传统观点认为，良渚文化的范围以环太湖为主，向北不超过长江，但当 2011 年位于江苏兴化和东台交界的蒋庄遗址被发现时，填补了长江以北地区良渚文化考古发现的空白。还有一部分人，就是沿着钱塘江往浙西南走了。

好川人的琢玉技术很发达，比良渚人又提高了一大步。就拿台形玉片来说，从温州、丽水，一直到山东，在那么大的范围里它都出现了，说明信仰上是一脉相承的，良渚之后，文化和社会发展在不断进步。

第 二 章

80 年 追 寻

―――― Chapter 2 ――――

良渚遗址是实证中华五千年文明史的圣地,这个结论的确立,考古人走过了80多年,历经四代人。历史的一大步,是从考古人的一小铲,甚至是一小块石头开始的。

寻找施昕更

施时英一家人坐在电视机前,看到了那只小槌子敲了下去。

2019年7月6日14时43分,良渚古城遗址申遗成功。阿塞拜疆申遗现场的掌声快要溢出荧幕。

电视台来家里采访,爸爸笑着,话不多,只是说,很激动,很激动。良渚申遗前后那一个多月,施时英接到了各种要采访他和爸爸的电话,关于他祖父施昕更的故事被无数次提起。

1936年,只有25岁的杭州良渚镇人施昕更——浙江省立西湖博物馆(浙江省博物馆前身)地质矿产组的一位普通职员,并非考古学科班出身,却首先发现了良渚遗址,揭开了浙江远古文化的神秘面纱。

他被称为"良渚文化的发现人""良渚遗址的发现者"。

祖父是如何发现良渚文明的故事,施时英已经讲了无数次,但那天电视台来家里采访,爸爸突然从抽屉里拿出一本本子，翻到其中一页。

是爸爸的字。标题：施昕更临终前一天写给父亲的一封信。

父亲大人膝下：

……因男自上月份起患病，迄今无力执笔，致劳廑念，深为不安。男自四月初起，身体时感不适，曾赴永嘉医治，费去数十元，并未见效。讵料至四月下旬，突发猩红热病，病势颇危，中西医束手，且当时时局颇紧，药品亦无法购到，男以为已无生望矣。后幸有中医胡君，愿负责医治……迄今一月未能医治；肛门又因热度郁积，大便出血，痛苦万状，且元气大伤，身为瘫痪，未能离床褥一步，不知何日可以复原，心中异常焦急，现仍在服药诊疗（代补笔）。谨请

钧安！

男昕更叩禀

民国二十八年（1939）五月二十七日

写这封信的 2 天后，1939 年 5 月 29 日下午 2 时 30 分，施昕更在瑞安县立第二医院二号病房去世，年仅 28 岁。

这封信原刊登在温州当地的报纸上（有一说刊登在《瑞安日报》。经查，该报 1956 年才创刊。因此具体刊登在哪份报纸，不详），爸爸竟然原封不动地抄了下来。

父亲从来没给施时英看过这本笔记本。"我突然体会

到,他的心情,他的表达是这样的。"

爷爷去世那年,爸爸只有6岁,他很少说爷爷的事。但有一次,他对施时英说:你爷爷葬在瑞安,我没去过,等你长大了,我们骑着自行车一起去。

2019年,良渚古城申遗成功,施昕更去世整整80年,可是他的墓还没有找到。

施昕更《良渚:杭县第二区黑陶文化遗址初步报告》

施昕更和《良渚》

良渚博物院的展柜里,存放着一本考古报告《良渚:杭县第二区黑陶文化遗址初步报告》。这是良渚考古的开端,是浙江新石器考古的开端,也是中国考古学史上具有代表性和划时代意义的经典著作之一。

但翻开报告,扉页和卷首语却不见一本专业考古报告的格式、术语和理性。

扉页写着一句话:仅以此书纪念我的故乡。

卷首语,更是字字悲伤:

这本报告,是随着作者同样的命运,经过了许多患难困苦的经历,终于出版了……遥想这书的诞生地——良渚——已为敌人的狂焰所毁灭，大好河山，为敌骑残踏而黯然变色。这报告中的材料，也已散失殆尽，所以翻到这书的每一页，像瞻仰其遗容一样的含着悲怆的心情……

二十七年（1938）八月重印
昕更志于瑞安

写下卷首语时，施昕更已经离开故乡良渚8个月了。妻儿还好吗？他无从知晓。

1937年4月，施昕更其实已经写完了《良渚》报告，准备在杭州印刷厂付印，后来因为制图版很费周折，照片制版交给了上海的中国科学公司。

7月7日，"卢沟桥事变"爆发，西湖博物馆为躲避战火，必须南迁，可是此时，《良渚》报告还在印刷之中。

施昕更独自暂避良渚，坚持继续负责印刷的工作。

但战火还是烧到了杭州。1937年12月24日，杭州沦陷。《良渚》的印刷被迫中断，没有印成，连已经制好的图片锌板也无法带出。

他不得不抛弃相依为命的研究室，但这份报告，绝不能丢——"科学工作者必须以'最后一课'的精神，在烽火连天中继续我们的工作。"他写道。

施昕更把报告的校样寄存良渚，自己带着一部《良渚》旧稿，赶去博物馆所迁移的驻地。

此时，博物馆已经迁到兰溪。看到稿子完好无损，馆长董聿茂决定再度印刷。但是，战事紧张，只有两三百块馆费，馆里还有5个工作人员需要生活，重印根本没有经费。

董馆长带着稿子冲到已经迁往丽水的浙江省教育厅，以珍惜学术著作为重，要求拨款付梓。

秘书长看完稿子，同意由浙江省教育厅出资印刷。

这就是为什么《良渚》报告的封面上，印有"浙江省教育厅"的原因，不仅仅只是"出版"这么简单。

此时，陆路已经不通，只能走海路。温州是无法印了，只能去上海。

于是，施昕更的好友和同事钟国仪带着稿子，绕道温州，乘船去了当时已经是"孤岛"的上海付印。同时，又委托著名考古学家、时任"吴越史地研究会"总干事的卫聚贤先生校对。

此时，施昕更的次子建良患病，医治无效夭亡。

国难当头，田野考古活动几乎完全停滞的中国，个人都难以保全的时刻，一部考古报告，竟活了下来。1938年秋，《良渚》报告终于由上海的中国科学公司印刷出版，公之于众。

而此时，施昕更已经决定留在瑞安，投身"保卫家乡，扑灭敌人"的抗日洪流中。

1938年春，省立西湖博物馆在抗战迁徙途中被迫缩小编制，施昕更无法再留下来，只能解职。他原想去中央研究院历史语言研究所工作，但因学历太低，没有申请成功。西湖博物馆馆长董聿茂推荐他去瑞安工作。

　　1938年五六月间，施昕更投笔从戎，担任浙江省瑞安县抗日自卫委员会秘书一年，直到生命最后一刻。

　　"最后，我这样冥想着，良渚遗址初步发掘是完成了，而我还盼望着第二次在良渚发掘的时候，在焦土瓦砾中，找出敌人暴行的铁证，同胞血和泪的遗迹，供世界正义的批判……"卷首语最后一段，他这样写着，等待再次回到良渚。

　　"我爷爷几乎是抛弃了家里，家里顶梁柱没有了，那个时候，我奶奶还在，我爸爸还小，对家里人来说，其实是很不理解他的。"

　　直到看到这篇写于瑞安的卷首语——"我以前也不懂，可是这篇卷首语看了好几遍，他对良渚的这种情结……"施时英突然问我，你知道我爸爸叫什么名字吗？

　　施忆良。

寻找施昕更

　　申遗成功前一个月，施时英来到温州瑞安西山，再次寻找爷爷的墓。

没有。

这个动作和结果，20年来，施时英已经数不清是第几次了。

浙江省文物考古研究所研究员王宁远，是良渚水坝的重要发现者，曾在一张卫星照片里发现了水坝的关键线索。他不止一次设想过，能不能用考古的方法找到施昕更的墓。先在早期卫星照片上找到西山位置，再制作立体影像。如果有关于墓的照片或者文字记录，可以根据环境推测出大致的位置，如果墓碑不存，可以用骨骼做DNA检测。

只是，这些前提条件都不具备，关于墓的位置，目前没有任何信息和档案。

除了施忆良手抄的这封信，1939年5月30日，瑞安的报纸上刊登了"抗卫会施秘书昨病逝"的新闻。最后一句是这样的："闻施君身后萧条，吕县长饬属定本日上午十时在暂厝之西山下举行公祭云。"

吕县长，就是当时的瑞安县县长吕律，他同时也兼任抗日自卫会会长，帮助办理了施昕更的身后事。

西山，瑞安城内的一座山，靠近飞云江，是至今寻找施昕更墓的唯一线索。

寻找施昕更

陈钦益的家就在西山脚下,他记得很清楚,小时候曾在西山东南山脚见过一些"类型不一样"的墓。后来,他成为了瑞安博物馆馆长,阅读了大量施昕更的资料后,才想起来,小时候见过的墓,或许就有施公的墓。"因为施昕更当年是公葬,自然比民间老百姓的墓更讲究。"

然而,时移世易,西山早已发生了翻天覆地的变化。

1983年,瑞安第二次文物普查,瑞安博物馆老馆长曾和陈钦益提起,老馆长组织人员做过一次地毯式的普查,寻访施昕更的坟墓和遗物。西山上有很多历史遗迹,但并没有找到施昕更的墓。

陈钦益说,上世纪80年代,当地人私自在西山上造违章建筑,原本西山上的墓已被破坏。

1998年,他带着施时英去西山寻找,未果。2000年后,西山拆违,要建西山公园,他听到消息后,再次去找施昕更的墓地,依然没有找到。"小施来过很多次,后来怕麻烦我们,就自己去找过几次,但还是没有发现。"

据《瑞安日报》2019年7月22日报道,瑞安市档案馆中没有查到施昕更的相关材料。今年86岁的市民政局离休干部乐嘉楠回忆,上世纪90年代,他负责将西山、万松山上的烈士坟墓迁移至烈士陵园内,记忆中没有施昕更这个名字。

而施昕更的日记，或是写自己的文章，至今也没有找到。

目前，关于施昕更的文字资料，除了透露出他无限深情的《良渚》报告，以及发表在《浙江省立西湖博物馆馆刊》上的专业论文和报告外，1937年2月15日出版的《浙江青年》第三卷第四期《杭州附近地质观察》一文，约7000字，以科普的形式，深入浅出地讲述了杭州及其附近的地质构造。还有1945年5月15日，抗战胜利前夕，浙南松阳出版的《浙江省通志馆馆刊》第一卷第二期，刊登有施昕更的《浙江矿产志绪言》（约1500字）和《浙江矿产之种类及分布》（约5000字），是他的遗著。

1936年12月23日的《东南日报》上，有一篇题为"西湖博物馆在杭县发现黑陶文化遗址"的报道。这是目前可以查到的最早介绍良渚遗址发现的史料

如今，西山的南边是公园，西边是烈士陵园。"以前我们一直在南边找，没有进入现在的烈士陵园找过，我想今年再找找，希望在这里会有一些线索。"施时英说。

施家还留有一张照片。

这些年，我们应该都是通过同一张照片，记住了施昕更的样子：清瘦，戴眼镜，微笑，衣服口袋上别着钢笔。

寻找施昕更

抗战胜利后,那位在炮火中把《良渚》报告送去上海付印的钟国仪,找到了同在浙江省博物馆工作的施忆良,拿出一张照片。

正面有"瑞安快活照相"的钢印;背面有字:国仪兄惠存,弟施昕更赠,二月八日。并钤有朱文名章。

1939年2月8日,施昕更把这张在瑞安拍的照片,送给了好友钟国仪。

这对接力守护了《良渚》的战友不会想到,这是最后的照片。照片右侧还有一排蓝墨水小字,是钟国仪后来加的:廿八年(1939)五月二十九日去世于瑞安。

小时候,施时英经常怪爸爸:你为什么以前没有去找,为什么没有实际行动?他每次从瑞安回到杭州后,还要发发牢骚:你为什么不早点去找?

施时英脾气有点倔,直来直往:人家清明冬至都去祭拜先人,我们祭拜谁?去哪里祭拜?你祖宗都不要了?

施忆良不多话,只是说:无所谓,无所谓的。

直到施时英看到了父亲那本抄信的笔记

施昕更照片和照片背后的题字

本，他才觉得，父亲一定有他的苦衷，每一代人都有自己的苦衷。

发现良渚

1934 年，施昕更代表西湖博物馆参加在天津举办的全国地质大会。前往天津参加地质大会时，他不小心坐错了列车，为了不耽误参会，竟然从已经启动的列车上一纵而下。其果敢的禀性由此可见一斑。

1936 年，杭州古荡老和山，也就是现在的浙江大学玉泉校区，因建造杭州第一公墓，动土中出土一些石器，引起了当时吴越史地研究会的注意*。

经卫聚贤倡导，5 月 31 日，由浙江省立西湖博物馆和吴越史地研究会合作对遗址作了一天的试掘。

有哪些人参与试掘？看名单：吴越史地研究会的卫聚贤、乐嗣炳、金祖同和西湖博物馆的馆长董聿茂、历史文化部主任胡行之、地质矿产组助理施昕更等人。试掘开探坑 3 个，仅获石器 6 件、陶片 3 块，另采集石器十余件。

* 吴越史地研究会，1936 年 8 月正式成立，蔡元培任会长，卫聚贤为总干事，提出"吴越文化"的新概念，并积极倡导"吴越文化"的考古发掘和研究。

试掘不过短短一天。本来，西湖博物馆派施昕更参与古荡发掘的原意，是让他绘图记录发掘的地层，但施昕更"不务正业"，见到古荡已搜集的石器后，觉得太熟悉了，在他的故乡良渚，已经是司空见惯的东西，他觉得应与古荡出土的石器有着某种内在的联系。

　　古荡试掘后第二天，他就迫不及待回到故乡良渚搜集开了，"终日踯躅于田野阡陌之间，不以为苦"。果然，除了石铲之外，他意外地又得到许多不同形制的石器。

　　得到了，是不是就结束了？

　　从接下来的这句话中，我们可以感受到，这个年轻人带着明确的考古目的——"我又觉得，以收购的方式，是太不科学化、太幼稚，还不如古董商收购古玩一样。"

　　他想到，利用河岸池底来观察地层的剖面，这是进行考古发掘最简单易行的办法。

　　7月，他又来良渚调查，经过多日的分区考察，对于石器遗址的分布地点，有了大概的轮廓，同时在枯竭的池底，亲自捡到了不少石器。

　　11月3日，施昕更第三次摸底，有了突破。他在良渚镇附近棋盘坟的一个干涸池底，发现了一二片黑色有光的陶片。回到杭州后，他参考了各种考古材料，尤其受《城子崖》发掘报告启示，悟及这些黑陶与山东城子崖黑陶文化，为"同一文化系统的产物"。

放下黑陶，施昕更很兴奋，"引起我绝大的勇气与兴趣"。

这一两片黑陶，我们后来知道了，就是著名的良渚黑陶。而后面的事，你应该也知道了——

董聿茂对施昕更的新发现非常重视，由馆方依照当时国民政府颁布的《古物保存法》第八条之规定，呈请中央古物保管委员会，取得采掘执照。1936年12月1—10日、26—30日、1937年3月8日—20日，施昕更先后三次代表西湖博物馆对棋盘坟、横圩里、茅庵前、古京坟、荀山东麓以及长明桥钟家村等六处遗址

1.西湖博览会艺术馆筹参事暨职员合影，右坐施昕更

2.1936年施昕更发掘出陶壶，现藏浙江省博物

进行了试掘，获得大批黑陶和石器，并在此期间经调查，发现了以良渚为中心的十余处遗址。

这是他28年短暂人生中唯一的田野考古，也是良渚文化的首次科学考古发掘。

古荡遗址的发掘，在良渚之前，为什么这一考古学文化没有命名为"古荡文化"而是"良渚文化"？这一选择实际上已反映了一切，考古学界在良渚遗址发现者的问题上，态度是非常明确的。

"中华民族为什么要寻根，不管是任何时候，它都是我们的精神支柱。祖坟在什么地方，我们这些晚辈的心就在什么地方，对这个地方肯定是有牵挂的，这是中国人的传统。"施时英说。

"我们没有多大的成就，作为晚辈，最大的心愿，就是找到我祖父的坟，迁回良渚，圆爸爸一个心愿，只不过他嘴上不说出来。"

第一次

1936年，施昕更先生在良渚的试掘，1938年《良渚》报告的出版，是良渚的第一次，也是浙江考古的发轫。

那之后的"第一次"呢？

1937年"七七事变"之后，田野考古活动几乎完全停滞。1949年，中华人民共和国成立，大规模基础建设开展，考古任务艰巨。

浙江考古工作主要由设在南京博物院的华东文物工作队负责。1950年3月，浙江省文物管理委员会（以下简称"文管会"）成立，这就是浙江省文物考古研究所的前身。

1953年1月，为抢救华东区各地大规模基本建设工程中发现的古遗址、遗物，贯彻中央文化部关于考古文物工作人员"专才专用"的决定，成立华东文物工作队，队部设在南京博物院。

1953年，杭州老和山遗址发掘，就由华东文物工作队承担。

第一次

21 岁的牟永抗来文管会报到还不到一个星期,就被派去参加老和山遗址的考古发掘,第一个工程项目,就是现在的浙江大学玉泉校区学生宿舍(牟先生记忆中是 U 字形楼)。

那时候,江南新石器时代很大程度上被认作中原夏商时期。那次发掘,实际已经出土了良渚文化玉器,比如玉璧,那当然是墓葬的随葬品,但当时未能及时穷究。"我什么也不知道,"牟先生后来回忆,每周例会上都会宣布:马上就要进入文化层,"可是直到工程结束,仍然没有看到文化层究竟是什么样子。"

一年后,牟永抗在北京参加了考古培训班,当时很为自己有了"考古经验"而自喜。班主任裴文中先生上第一课,讲中国考古学的历史。课间休息时,他就问:"裴老师,杭州老和山的发掘,你为什么没有讲?"

裴文中大声回答:"老和山不是考古发掘,那是捡东西。"这句话,对牟先生的刺激很大。"原来,考古学不是这么回事。"

很有意思的是,同一个地方,早在 1936 年 5 月 31 日,西湖博物馆和吴越史地研究会

《杭州古荡新石器时代遗址之试探报告》

也曾在这里做过试掘清理，那时候的名字，杭州人更觉得亲切，叫"古荡遗址"。试掘报告的封面，还是蔡元培题的。

回看当年的发掘现场，年轻人个个神清气爽。

1949年，夏鼐先生到浙江大学任教，教人类学。10月15日的日记里，他说，又读了一遍施昕更之《良渚》（发掘报告），这是他第二次看这份报告，"预备将来有机会再发掘一下"。10月23日，他读了卫聚贤等著的《杭州古荡新石器时代遗址之试掘报告》。

2天后，他去了古荡第一公墓调查史前遗址："荒草丛生，毫无所得。据附近一王姓农民云，筑公墓时所出土之石器及陶器颇多，公墓墙外，南面高起之地，或仍保存有遗物，但近代坟墓颇多，无法工作。"

12月28日，西湖博物馆主任董聿茂带着夏鼐和石兴邦、李泖、党华去良渚考察，在长明桥钟家村，发现地面遗物陶片很多，捡了几十片，"又由乡人手中购得有孔石铲一枚"。

1959年12月26日，星期六，夏鼐又在日记里记

1950年夏鼐和浙江大学人类学系师生合影

第一次

了一件事。

上午 8 点半到 12 点，他参加了一个名字很长的会议——长江流域规划办公室文物考古队队长会议，做了题为"长江流域考古问题"的发言："太湖沿岸和杭州湾的良渚文化，是受了龙山文化影响的一种晚期文化"。

虽然他当时仍认为良渚文化是受了龙山文化的影响，但"良渚文化"的命名正式提出。这位浙江温州籍学者的发言，第一次给良渚以"名分"。

这个"第一次"是历史性的。但我们仍然有必要提一件事。前一年，1958 年 8、9 月，北京大学师生编写《中国考古学》教材时，已单独命名了良渚文化，从龙山文化中划分出来。

华东文物工作队撤销后，浙江的考古工作主要由省文管会承担。

但那时候，我们曾在很长时间里，和良渚文化玉器的"第一次"擦肩而过。

牟永抗先生在《关于良渚、马家浜考古的若干回忆》里记过几次错失的"机会"。

1963 年，余杭安溪苏家村发掘，在良渚地层中出土了一件残琮。牟永抗马上想到施昕更先生在 1936 年就提到"多闻此层中曾出玉器……而未目见为憾"。如今，他

—191—

们终于得以亲见，本来这是新石器时代考古发掘第一次出土玉琮。

中国人对古玉的研究有悠久的传统，只是，对良渚玉器的断代，始终有误，不是周，就是汉。

"周、汉时代的琮、璧怎能出现在新石器时代的地层中？况且史前时期没有金属砣具，又怎么能够雕琢如此坚硬的玉制品呢？种种来自传统观念的疑虑，使我们没有勇气把握面临的现实机遇。"

牟先生几次写道："这又是一次重大失误。其主要责任是我。""笔者作为参加者，工作中有许多失误和挫折，诸如苏家村发掘时将玉琮判识为西周遗物"。

此后，浙江史前考古中断了近10年。

时间拨到1971年，余杭长命村桑树头。谁会知道，这里就是后来的良渚古城，反山遗址南边。

初夏的一天，杭州市文物商店的张宝光交来了两样东西，是长命村农民闻运才送到店里来的。

为了表达对他保护文物上交有功的奖励，牟永抗和同事去他家，赠送了两把红色铁壳热水瓶。

突然，闻运才从床下取出了17件精致的石钺，是和玉璧同时出土的，并带他们去看出土现场。

原来，他是在生产队新建仓库外墙时发现了它们，现

草鞋山遗址全景

草鞋山 M198 出土现场

第一件考古出土的良渚文化玉琮

场墓坑痕迹依稀可见。

这也再次证实了苏家村的发现。可惜的是，这不是科学考古发掘出土的文物。

再加上老和山的"捡东西"，这三个"第一次"的机会，都没有把握住。但如今再听这些故事，波澜曲折，良渚的第一次，好事多磨。至少到20世纪70年代，人们都还没有找准良渚人应有的历史坐标。

没等来浙江人发现良渚的第一次，江苏人先走了一步。

1973年夏天，南京博物院在江苏吴县（今属苏州）草鞋山遗址进行考古发掘，人们在198号墓里发现了玉琮、玉璧、玉钺。这也是良渚文化研究历程中第一次真正意义上发现的

—193—

80年代上海福泉山考古工作照

大型高等级墓葬。

人们这才知道，喔，它们不是周汉古玉，这是良渚玉器。我们才第一次确定了琮璧的年代坐标，不是汉代，而是距今5000年左右的良渚文化时期。

1970年代到1980年代初，良渚考古发现似乎特别青睐江苏的考古学家，有点开挂的意思。比如常州武进寺墩遗址、张陵山等。

后来，上海考古学家也发力了。

福泉山遗址，在上海青浦区，20世纪七八十年代经历了4次发掘，成为上海地区最高等级的良渚文化聚落，也是环太湖地区新石器时代延续使用时间最长的墓地之一。尤其是 1982—1984 年,福泉山又发现了一批良渚文化时期随葬大量玉器的高等级墓葬,出土了后来才见于反山、瑶山玉器上的鸟形象雕琢。

考古学家复原的,是我们所不知道的"历史"。

他们发现,这个土墩的堆筑层次年代居然有错乱。第一层是距今六七千年的马家浜文化堆积,第二次是距今五六千年的崧泽文化堆积,第三层是距今四五千年的良渚文化堆积,接下来,又是崧泽文化早中期堆积。看来,有人把附近一个遗址的泥土搬移了过来,在此处原有的崧泽文化遗址上又堆筑了一个高台墓地。显然,这是古人花了大量劳动力堆筑的,而埋葬的又是自己人——良渚贵族。

如此重要的线索,考古学家在 5000 年后发现了。

福泉山遗址的发现,创造了又一个"第一次"——第一次从考古地层学上明确了一件事:人工堆筑的高台墓地,是良渚文化权贵墓地的主要埋藏方式,"土筑金字塔"(语出苏秉琦先生)的昵称由此而来。它也为接下来那些权贵墓地的发现,做出了重要铺垫,提供了重要的经验和线索。

很快,浙江的考古学家发动了,一发动,便是石破惊天,也成为良渚考古的转折点。

1981 年,成立两年的浙江省文物考古研究所在余杭瓶窑吴家埠遗址发掘，出土了玉璧、玉琮等大量良渚文化遗物，发现了马家浜、崧泽和良渚文化的丰富遗存，并在当地建立了浙江省第一个考古工作站——吴家埠工作站。1981年初，王明达先生带队在周边进行了二十多天考古调查，新发现遗址二十多处。

1986年，一个载入史册的年份。在良渚遗址发现50周年学术讨论会上，王明达第一次提出了"良渚遗址群"的概念，并公布"已知地点多达四五十处"。

1986年反山王陵、1987年瑶山遗址的发现，再次证明了"土筑金字塔"的判断，且第一次获取了更为丰富的雕琢有完整图像、复杂纹样的各个类型的玉器；第一次在玉器上发现了良渚人完整的LOGO——"神人兽面纹"；第一次知道了良渚人玉器"标配"是什么——成功复原了完整的玉钺杖、以玉璜和成组圆牌为组合的原始组佩、镶玉漆器等重要器物种类；反山、瑶山的玉器，有许多器形是以往发掘或传世古玉里所没有见到过的，有一些至今还是独一无二的。它们第一次拥有了名字，比如"半圆形器""柱形器"等。更为重要的是，反山发掘第一次准确无误地清理出良渚文化大型墓葬的棺椁葬具痕迹，而此前，人们一直认为良渚人是"平地掩埋"。

方向明提到，要算良渚文化墓葬的首次考古发现的话，除了"大跃进"期间杭州水田畈遗址 3 座墓的发现，可能是 1960 年上海市文物保管委员会在上海县（现闵行区）马桥遗址的第一次发掘。发掘面积 2000 平方米，发现墓葬 3 座，编号 M1—M3（1966 年第二次发掘，又发现 6 座），认为"未发现墓坑，都是在平地上堆土掩埋的，这种情况在松江广富林遗址和青浦崧泽遗址都有发现"，M2 骨盆右方出土一件"圆锥形石饰"，长 4.2 厘米。如果无误的话，这是良渚文化典型玉锥形器首次在良渚墓葬中出土。

发现王陵

1998年，余杭良渚玉器展在香港中文大学展出，第二天，有一场良渚玉器的讲座，教室坐得满满当当。饶宗颐搬来一张折叠椅，挤在角落里，静静地听。当年81岁的他自己开车，就是为了赶来听这场讲座。

主讲人叫王明达，考古学家。1966年，这位高材生毕业于北京大学历史系考古专业，这是我国高等院校中成立的第一个考古专业。

他的老师里，教旧石器时代的吕遵谔，是裴文中的研究生，而裴文中是第一个北京猿人头盖骨的发现者。老先生当年一个星期出现一次，给王明达这个班讲欧洲旧石器课。

王明达课程表里的"明星"老师，还有邹衡、苏秉琦、宿白、俞伟超、严文明……全是中国考古界的老前辈。

2003年10月，王明达手捧玉琮王在考古所的会议室，为"玉魂国魄"的第二次会议代表讲良渚玉器

由于历史原因，虽然带着光环走出校门，王明达却没能大干一场。除了在北京考古所 8 个月外，一会儿在农场，一会儿在热水瓶厂，1973 年总算调到浙江省博物馆。他参加过河姆渡发掘，清理过墓葬，参加过陈列布展，编过文物通讯，还调查了一年的革命文物，几乎跑遍了全省各市县的文博单位，"我搞得很杂的"。

但王明达把这些杂七杂八的工作，全都当成学习的机会，"你有这个机会，就不要放弃，就去学，做任何事都要做好"。

1981 年，王明达接手良渚考古工作，当时良渚到底在哪里，没人说得清。他就带了 7 个小青年，花了 20 多天，走了 8 个乡镇。

1986 年，良渚遗址发现 50 周年，计划下半年要在杭州召开一个纪念学术研讨会。年初，浙江省文物考古研究所开始筹划。

一切自然落到了史前室的 5 个人身上：牟永抗、王明达、杨楠、芮国耀、刘斌。牟先生是室主任。

老中青三代分头行动。王明达和杨楠在反山工地发掘，牟永抗带着刘斌和芮国耀在吴家埠工作站整理资料，写论文。他们约定，一旦发现良渚文化墓葬，整理工作立刻停止，大家一起投入发掘。

看见——良渚王国记事
5000年

1986年5月，初夏，江南，黄梅季节，雨水不断。工地里拉了电线，那时候的总闸开关基本是闸刀开关，手柄是瓷的，碰到雨水啪啪冒火花。

1977年，河姆渡遗址发掘。王明达做后勤，要买各种物资。先去上虞的打铁铺，打300把平头铲、300把尖头铲，再做木箱子，上面写着"考古"两个字，放橡皮、铅笔、削铅笔刀，还买了两个理发推子。再买点劳保用品，比如解放鞋。但这种鞋子有个问题，舌头比较低，土容易掉进去。他又去买了一双电工鞋，比解放鞋贵几毛钱，但鞋口几乎是密封的，土掉不进去。

发掘反山遗址，他继续穿这双电工鞋。

那天，雨下得很大，他跑过去一拉闸刀，人弹出一米远。如果换了别的鞋恐怕就触电了。

他说："我是自己救了自己。"

良渚博物院开馆时，展出过这双电工鞋，王老师笑："后来人家说太臭了，不知道放哪里去了。"

考古队员在余杭县长命乡雉山村已经20

△

1 | 反山墓地西端及遗址断面
2 | 1986年夏季发掘坑位
3 | 发掘工地现场
4 | 1986年秋季发掘现场

多天了，只发现了 11 座汉墓，出土了铁剑、青铜矛，应该是当时的武士墓群。

这显然不是考古队的目标。

两个月前，领队王明达在申请反山发掘的"发掘目标、要求和计划"栏目中，这样写：据草鞋山、福泉山等良渚文化墓葬的发掘，我们认为反山亦是一处重要的良渚文化墓葬，即"土筑金字塔"。

这是苏秉琦先生的比喻。

反山发掘前，上海青浦福泉山遗址、江苏武进寺墩遗址等的发现，已经有了一些经验总结，比如证实了这种随葬大量玉礼器的良渚文化贵族墓葬，有一个显著的特点，都埋在人工营建的高台土墩上。

那年，余杭长命乡农机厂要转产，准备筹建长命制动材料厂，选中了反山周围的大片土地，准备在山上取土。

反山，如今大名鼎鼎，其实是一个很不起眼的土墩，当时连名字都没有。

反山的南边，有七户人家，叫"翻山组"——翻过山的一个组。为什么是组？人民公社的基层组织结构是这样的：公社—大队—小队—组。但这个"翻"字太难写，村里人普遍写成"反"。

王明达和考古队员芮国耀去山上踏勘，听到大家说"反山，反山"，写的也都是"反山"，后来才知道是"翻山组"。

反山，误打误撞，得了名。

他们在山上发现了一些碎小的红烧土颗粒和炭粒，偶尔也能见到一些良渚文化的小陶片。王明达确认，反山不是自然形成的，而是良渚文化时期人工堆筑的。

5月28日，汉墓的清理已经接近尾声。为了慎重起见，王明达决定停止使用小锄头翻土，改用锋利的大平铲，一遍一遍，把地面铲得又平又光。

考古考古，往往"考"的是土。

傍晚，随着日光的移动，他们在平整的地面上，仔细观察土质、土色的变化，终于在3号探方的中部，从大面积的灰黄土中辨认出一块灰褐色的斑土，也就是说，土坑的墓口，确认了，王明达清晰划出了长方形南北向的四边界线。

5月29日下午，王明达决定改用小铲，每下挖5厘米，就平整一次。半天时间，像蚂蚁搬家，他和文保员陈越南两个人只挖深了30厘米。

又过了一天，已经下挖到90厘米了，没有看到任何遗物。是不是挖反了？如果挖反了，土再填回去也不能掩盖操作的失误。

王明达很自信。一个考古工作者，除了掌握过硬的野

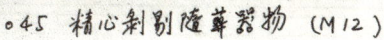

精心剥剔随葬器物

外发掘基本功外，还要一点胆识和勇气。

1986年5月31日下午两点多钟，乌云翻滚，要下雨了。王明达和大家商量着，准备收工。

他站在1.6米高的隔梁上安排，指挥大家把探方里的松土赶快挑走，盖上塑料薄膜。这时，一直在清理的陈越南，从深达1.1米的墓坑里爬了上来大喊："王老师，这个啥东西？"

王明达一看，有红的，还有白点，脑子里闪过：嵌玉漆器！

他从隔梁上直接跳下，爬到墓坑里——这样一跳，其实是违反考古规定的，但当时，王明达实在是太激动了。

蹲在坑里，再次观察这块土，印痕上同样留下一些玉粒和漆皮。陈越南递给他一把小铲，他不敢用，在装土的竹簸箕上扯了一块竹片，顺着土块的边缘小心地剔去一小块土，又露出朱红色的漆皮和很多小玉粒。

这下逮着了。王明达心跳得很快。

反山12号墓97号玉琮出土现场

他又用竹签子来来回回剥墓坑，看到了白花花的颜色，那是玉的鸡骨白。这就是后来编号为97号的玉琮，这件三节玉琮，因为口高，刚好剥剔到它的射口。这也是良渚古城遗址范围内第一件经科学考古发掘的玉琮。

雨点开始落下了。他记下了墓穴的长宽深（露出器物的深度已达120厘米）后，墓穴用薄膜盖好，铺上一层泥土。

晚上，他们冒雨回到住地已经浑身湿透，但兴奋得很，王明达让人赶快去买几只菜来，"老酒有没有，有，拿一坛来，今晚好好喝。"他当时的原话是："我们这次发掘将要载入考古史册。"

发现王陵

这就是震惊世界的反山12号墓，反山王陵挖到的第一个良渚墓葬。按照考古规则，确定了考古单元（M、H等）之后，就给它们编号，作为出生证，原始记录，永不改变。因为反山一开始挖了11座东汉砖室墓，所以良渚第一座大墓编号为"余反M12"。墓主人被认为是良渚文化早期的一位"王"，也就是最著名的那位拥有琮王的"王中王"。

反山发掘整整100天，王明达的体重从110斤降到了93斤。

发掘过程中，为了避免墓内随葬品受到损伤，剥剔器物时，一律不用金属工具，把竹片削成大小宽窄各异的工具，小心翼翼地清除泥土。

由于墓穴较深，而随葬品几乎布满墓内，人根本无法站立。大家想出了"悬空操作法"，用两段毛竹横架在墓口的两边，再用绳索吊下两段毛竹放在墓内，然后在墓内的毛竹上铺上木板，离随葬品有10厘米左右，不碰到一件器物，木板一块块可以移动，人蹲在木板上，清理一段再移动一段。这样清理，人几乎是趴

△ 1 / 2

1. 考古现场录像中
2. 发掘队全体同仁共五人，在20号墓内讨论遗址现象

在木板上，时间一长，腰酸背痛，人几乎都站不起来。

反山遗址考古发掘创造了多个第一次，而最厉害的一件事：纠正了过去认为良渚人是"平地掩埋"的认识，首次在野外确认了良渚文化墓葬存在棺椁，首次清理出良渚文化大型墓葬的棺椁葬具痕迹，这是前所未有的突破。说明良渚人在5000年前就已经使用棺木类的葬具为"王"和王室成员办葬礼。

而在反山发掘前，江苏和上海的考古学家已经有了很多成果，马桥、广富林、越城、草鞋山、张陵山、寺墩等发现了30多座良渚文化的墓葬，但大多"往往未见墓坑"。

为什么？

江南地下水位高，泥土又黏又湿，加上墓葬往往以原土填满，要辨认出墓坑是很困难的。所以长期以来，良渚人"平地掩埋"成为共识。

而当时，浙江境内还没有发掘过良渚大墓，王明达当时的判

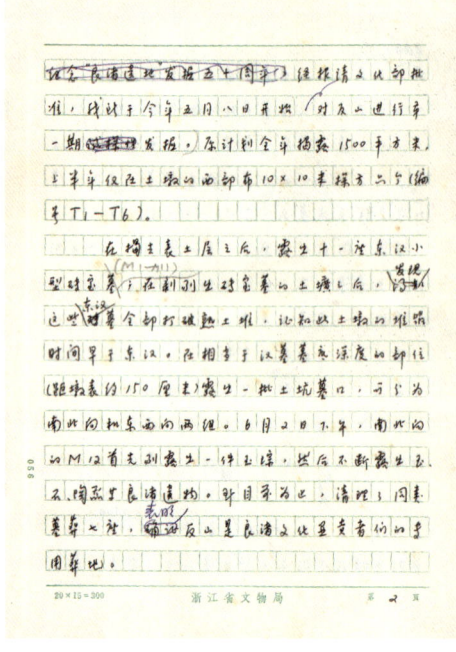

王明达写于1986年题为"浙江余杭反山发现良渚文化重要墓地"手稿

断，确实会让人疑惑。这位领队的压力很大，但一向胆大心细的他，没有丝毫犹豫。

如何顶住压力？

【王明达自述】

5000年下来，木质的棺椁早已腐朽，仅仅留下考古学上称为"板灰"的灰白色痕迹，在土层中发现并剥剔出"板灰"，就是极仔细的活，但这又是至关紧要的迹象。一座大墓几百件器物，必须在现场弄清当时是怎么放入的（当然由于塌陷、移位、有机物的腐朽等因素，不可能全部搞清）、上下左右是什么关系等等。反山大墓随葬品中玉器占90%，使良渚古玉的出土在数量、器种、雕琢纹饰、精美程度等方面取得了空前的收获。更重要的是，野外操作得当，精心剥剔，对玉器在墓内的原来位置、配伍关系、组合情况等有了全新的认识，使良渚玉器从单件的研究，扩展到组装件（即几件玉器通过硬质的柄、杆连接为一整体，如玉钺）、穿缀珠（即通过柔软的皮革或丝麻织品连成一体，如项链）、镶嵌件（即无孔的玉粒粘贴或嵌入其他器物上，如嵌玉漆杯）的研究，这种成组成套的研究方法，在考古学上具有突破性的意义。（王明达《良渚"王陵"反山发掘记》）

这段话，有一点专业。但我们能感受到，所有的专业判断，全在田野完成，跟时间赛跑，唯有细心观察。

发现14号墓的墓坑时，考古队特意留下发掘的墓坑线，拍了一张照片。这根线，在普通人看来，并不稀奇，在考古学家眼里——太漂亮了。

"这个土跟外面的土有什么区别？外面是墓坑线，里面是棺材线。画出这根线，是本事。"王老师一贯神采飞扬。

反山发现的玉器里，有许多器形是以往发掘或传世古玉里所没有见到过的，比如鱼、鸟、龟、柱形器、玉带钩等等。

清晰的墓坑线

良渚古城凤山还采集到一件玉龟，有尾巴。反山王陵只出土了一件玉龟，在17号墓，没有尾巴，应为雌龟，不知何意。墓中还同出了一只玉鸟。一龟一鸟，都是衣服上的"胸针"，似乎有特殊寓意，但为什么只在17号墓？

14号墓玉钺依镶嵌玉粒复原

"梳背"冠状器，在反山发掘以前，人们叫它"佩"，因为有孔，推测可以挂在身上当佩饰。反山发掘后，这类玉器原来都放在墓主人的头部附近，并不是身体配饰，下面也不是穿孔的，而是卯销的。于是，它有了一个新名字：冠状器。

玉权杖的完整复原是一个更大的惊喜。过去，人们只知道有玉钺，没想到头尾还有花样。

反山14号墓玉钺杖的柄已经不存，但经过精心剥剔，人们发现在柄的位置，镶嵌着比芝麻还小的大量玉粒，顺着玉粒的线索，又发现，原来钺的上端有玉质冠饰——瑁，柄的下端也有玉质端饰——镦。

在现场，考古队员绘制了等大的图纸，根据出土状况，又把镶嵌的玉粒粘附在米格纸上，原样保存。

"原来以为……这才发现"的句式，在反山发掘中，还有太多例子——绝无仅有，石破惊天，这8个字，已成为人们说起反山王陵的标准修饰语，一点不夸张。

反山发掘以前，人们一直认为玉器上的图

琮王

案,是一种类似于饕餮的兽面纹。在反山12号墓,人们首次在琮王上发现了完整的神人兽面像——"神徽"。

那么,"神徽"是怎么被看到的?过去,很多报道提到,是摄影师在照片里看见的。

王明达给我看了一叠手稿,题为"浙江余杭反山发现良渚文化重要墓地",写于1986年7月10日,反山发掘两个多月,12号墓等大墓已经出现。

"横纹、圆目、宽鼻、巨口,口中显露锋利的牙齿,形象具体真实。"在描述玉器上的图案时,他这样写道。

1986年11月,纪念良渚遗址发现50周年学术研讨会在杭州召开。王明达根据田野考古发掘实证资料,第一次提出了"良渚遗址群"的概念,为良渚文化考古发掘和研究打开了新的视野。

他特地拍了琮王的照片,准备给代表们看看,但黑白照片不是很清楚。中国社科院考古研究所史前史专家吴汝祚看完照片，找到牟永抗：老牟，这么好的东西怎么不给我看？

因为要向省人大汇报，需要再拍一批彩色的照片。当时，所有的器物都放在吴家埠工作站，看器物也在这里。

闲话一笔。琮王重6.5千克，怎么来的？

在吴家埠，王明达每天要买菜。肉要称，有磅秤，但是用来称煤饼了。还有一根杆秤，王明达拿来称琮王，秤砣尽量放平——13斤！

那天也是在吴家埠，王明达跟所里的摄影师强超美说，你看看，能不能拍出来，就拍这一块。他指指琮王上的神像。

强超美查看自己刚刚洗出来的照片：看到了看到了！兽面的两边原来有两只手！

这个戏剧性场景，后来被演绎为在照片里首次发现了"神徽"。

我们现在习惯把反山称为"王陵"，这个词，是苏秉琦先生提的。

有一次，王明达去苏先生的办公室聊天，给他看刚出的反山发掘简报。1988年，《文物》第1期以最快的速度公布了反山、瑶山两地的考古简报。简报里，称"反山墓地"。

墓地……墓地……苏先生的手搁在桌上，笃，笃，敲了两下——陵！

他蹦出一个字。

墓地是墓，陵是王。王明达受到了很大的启发。

除了绘图、照相、录像之外，反山发掘的最后一道工作，是起取文物。为了让玉器不受损坏，保持原有的光泽，他们特地从杭州买了蒸馏水，把带一点泥土的玉器在蒸馏水中漂洗一下，禁止用刷子。

所有动作，全在野外完成。

反山遗址的发现过程，至今依然是田野考古的经典。严文明先生有一句评价：反山的发掘，把良渚文化的研究推向了学科的前沿。

性情中人，爱憎分明，记忆宝库，有错必指，"激情派"。沉闷的会场，只要王老师一发言，大家必定"瞌眈"（杭州话：犯困）全醒，听者触动，笑声朗朗，穿云而过。

有一次，王老师跟我说："考古真得借用一句话，我们是做'无中生有'的事。傅斯年先生讲的是：上穷碧落下黄泉，动手动脚找东西。我们读万卷书，但是一定要行万里路，一个是靠脚，一个是靠手，要顶着脑袋去指挥。我觉得，这在考古工作者身上，是体现和结合得最好的一句话。"

石头记

良渚古城像一个圆角长方形,我们看两个对角——凤山(在西南角)、雉山(在东北角),正好呈对角。人们利用两座自然山体作为古城的天然"角楼",修筑四面城墙,围成一个严密的城。

良渚古城的发现和确认,最关键的证据,是良渚城墙的发现。

1985年,刘斌从吉林大学考古专业毕业,他是班里被分到最南边的学生,此前,他从来没到过南方。

毕业前,他专门去请教自己的老师、著名考古学家张忠培先生:我到了浙江工作努力的方向是什么?

今天,他还清楚记得张先生的话:"长江下游是个独立的区域,文化面貌单纯,做考古是块好地方,可以很快地熟悉入门,你要好好干。浙江的牟永抗先生等都是有学

刘斌在良渚古城北城墙遗址

识的考古学家,要好好向他们学习。"

我曾经问刘斌,这十多年来,如果要说个人,你的收获是什么?

他说:科学。

"一开始我碰到什么就挖什么,通过良渚这么一个案例,我越来越觉得,我们的考古,是科学的思维,是科学的考古,这对我来说,是非常大的收获。很多人碰到一个问题,不会去追那些牵扯出来的头绪,所谓千头万绪,就要把所有问题做实,做透。"

张忠培先生说的话,刘斌一直印在心里:被材料牵着鼻子走。

石头记

什么意思？

发现了石头，然后怎么办？怎么样去读懂石头，这些材料带给你的信息又是什么？

2006年6月，刘斌带着考古队在瓶窑葡萄畈遗址进行试掘，发现了一条良渚文化时期的南北向河沟。他感觉有戏。洛阳铲一把下去，在3米多深的地方，碰到了石块。

如果要说良渚古城发现的瞬间，这72个字似乎就可以说完了——对，不是玉器，也不是陶器，只是一层石头，没有任何惊心动魄的戏剧性场景，谁都不会想到发现的是一个古城的石头。刘斌没有放过这层石块。他开始破案——

石头是在3米多厚的黄土堆积下发现的，而且中间没有间隔，说明是一次性堆上来的，说明这些石头应该是3米多厚的土的一个基础，很有可能是大堤或者城墙。那么，它究竟是大堤，还是城墙？

2007年6月，考古队终于在河池头村高地下面发现了第一片西城墙的石头，但此后，线索又断了，尤其在找到北城墙接到雉山上后，石头又消失了。

考古队员继续追着石头跑。他们几乎翻遍了从雉山、前山到旧104国道之间南北1000多米长的范围，最后终于在金家弄村北面的一块农田里，钻探到了下面的石头。东城墙有了！它的发现，也使得原来的北城墙和西城墙被

城墙的铺垫石

初步确立为城墙，而不是苕溪大堤。接下来，南城墙也找到了，东起小斗门村西，西至东杨家村与凤山东坡相连。

一座东西约1700米，南北约1900米，总面积300多万平方米的四面围合的良渚古城，真真切切地摸到了。它超出了人们以往任何一次对良渚文化的认知。

如果沿着城墙走一圈，6公里，大约需要两小时。

良渚博物院里，有一块特别的墙皮，我们能够清晰地看到它的土质，黄土夯筑，土色之间有所差异。显然，黄土来自不同的地方。

这是良渚先民一层一层往上堆筑的痕迹。墙皮，取自良渚古城北城墙遗址。

展厅的墙皮下面，堆着一块块约足球大小的石头，自然风化，未经加工，良渚人直接铺设在北城墙底部，加固基础。

6公里长的城墙底部，铺满了这样密密匝匝的石块。远古时代，古人以铺石构筑墙基，迄今为止，仅此一例。

浙江的考古学家和地质学家把古城四面城墙探沟所有暴露出来的石头，摸了个底，一共10526块，一块不落，每一块都有编号。

良渚人从哪儿找的石头？

石头，在良渚人心里分量很重，良渚古城的修建中，随处可见城墙铺底、石坎修筑等，都需要用到大量石材。石块的采集、搬运、装卸、铺装等过程，全部为人工作业。

专家对这10526块石头进行了全面鉴定和工程学研究，鉴定它们的质地、磨圆度、块度，然后做成数据库，从一个侧面了解良渚古国的规划水平、人口规模、控制面积、社会分工等等问题。

许红根工程师将周边220平方公里范围内的山系重新调查，填好高精度岩石分布图，进行岩性比对，再确定石源区域。

2013年，他们模拟良渚人做了一次搬运石头的现场试验。

眼前一座山，横亘蜿蜒，名大遮山，在良渚古城北面大约3到4公里，考古队员把目标锁定在它身上。

为什么？

人不会大老远去搬石头，一定优先选择较近的地方。良渚古城不到10公里的范围内，主要有属于天目山余脉的大遮山、大雄山、窑山等一些小的山体。而大遮山南坡和大雄山北坡等离古城不到5公里，最关键的是，这里发现了很多和城墙铺垫石类似的岩石。

石头与石头，命运不同。

一块从山上直接采集的石头，棱角分明，叫棱状石头；从山上滚落，棱角磨掉一些，那就是次棱石头；如果它又掉进了小冲沟，有了磨圆的机会，就变成次圆石头；要是有幸流入大江大河，那就是圆圆润润的鹅卵石了。

良渚人擅于观察，自有判断。

如果良渚人直接在很硬的基岩上砸，石头的刃口，应该非常锋利，有点割手的感觉，而城墙大部分石头并不锋利。这说明，他们不是硬撬下来的，专业说法叫开采，而是石头滚落之后，直接捡的。

也有例外，北墙发现一片铺底石，非常锋利。只要是人工开采的，一定有棱角，难道这些是他们用工具硬砸下

石头记

王宁远模拟良渚人采集石头试验

来的?

爬上(东面)的另一个山坡,考古队员拿着棍子,准备模仿良渚人撬石头。没想到,他用手轻轻一扳,西瓜一般大的石头,轻松滚了下来,尖尖的棱角,刺眼。

"这就很容易解释北墙的石头为啥有棱角,却没有人工痕迹。"浙江大学地球科学系教授董传万摸着岩块断面上交错的裂纹说,"受构造应力作用,完整的岩石被切成了大小不等的碎块。所以,他们当时所付出的劳动,不像我们想象的那样复杂,只要沿着裂纹一扳,很省力。"

一个人一次搬一块石头,我抱起来觉得有点重,但也没问题，良渚的男人应该更轻松。

古城的铺底垫石有了身份鉴定：绝大部分采集磨圆度为次棱和次圆等级的自然散石，少有棱状的人工开采痕迹。只有在坡脚和冲沟的某一段，才会出现圆度组合的石头。这说明大多数石头只经过了短距离的自然搬运。因此，我们可以推断出某种石头来自哪座山的哪条山谷的哪个位置。

北城墙的石料来自城北的大遮山南坡，南城墙的石头来自城南的大雄山北坡。

董老师说，别的来源都有线索，只有一种石头，还需要继续找来源。考古队员王宁远问，是哪种石头，董老师说，萤石，总数是3块。

在一万多块石头里找到了3块，可见研究工作的细致。

良渚时代没有车，交通工具是舟和竹筏。良渚人会怎么选择，路线怎么样，一船可以装多少石头？

考古人员还发现，城墙垫石铺装存在分垄现象，每一堆性质一样的石头，可能是一次运输的量。这在南城墙最明显，南城墙的揭露面分为南北两端，南段按岩性可以分为7垄，北段分为3垄。大垄面积4～5平方米，重1.2吨左右；小垄面积2平方米，重500～600公斤。说明石头从不同的地点运来，立刻铺装，而没有混合备料，不"混

石头记

出土的竹筏

搭"。这为我们计算良渚人的工作量提供了重要线索。

顺着河流,划着竹筏,运上一船石头,到达城墙工地,开始铺石。看起来浪漫,实际上很累。

考古队员参考了如今双溪漂流竹筏,单筏是10根竹子拼在一起,坐5个人左右,运载量在600公斤左右。两个单筏拼在一起就是双联竹筏,20根竹子,可以坐10个人左右，运载量在 1200 公斤左右。经过换算，南城墙小垄的垫石总量和单筏吻合；而南城墙大垄的垫石重量和双筏一致；而独木舟的运输量只够运小半垄石头，只有竹筏才具有这种承重能力。

所以考古人员推测，竹筏，尤其是双筏（偶尔用单筏），是良渚人运输石块的主要工具，尺寸大概 2 米多宽，8 米多长。这在良渚古城内外的河道里，畅通无阻，稳定性好，修修也方便。不像独木舟，载重小，稳定性差，破了还要砍树修补很麻烦。

许红根根据遥感影像和地质考古钻孔，基本复原了良渚时期的古水系，选择采石点与城墙的最短水路，恢复运输线路。最后进行采石、搬运、铺装的全过程实验考古。

如果按实际情况，从山脚到城墙，有 4～5 公里路程。为了计算方便，考古人员模拟了 100 米路铺 2 平方米的石头需要花多久时间，再通过换算，便能知道一个

模拟良渚人搬运石头的试验

人一天的工作量。

如果不吃不喝，理想状态下，一个人完成一船石块的采集运输和铺装，大概要做9个小时，跟现代人的工作时间差不多。而铺完所有石头，总用工量为8.4万工。

除了铺石，还有工程更为浩繁的堆土，这才能完成城墙的修建。良渚人每天工作量巨大，加班绝对是家常便饭。

北山采石，船载以入，这八个字就能说完的石头记，考古和地质学家花了4年。

第 三 章

余 绪

———— Chapter 3 ————

2019年7月6日,阿塞拜疆首都巴库,在第43届世界遗产大会上,"良渚古城遗址"经过13分钟的审议,成功列入《世界遗产名录》。

13分钟,见证了一场申遗大考。

13分钟,见证了一条申遗之路。

我是良渚的仰慕者

2013年8月24日,世界考古·上海论坛,良渚第一次在世界上崭露头角。良渚古城考古入选世界十大重大田野考古发现。

这是良渚考古拿下的第一个世界级考古大奖。它透出一个信息:良渚古城遗址重大价值开始被国际考古界权威所公认。

此时,必须请出一位良渚的好朋友,一位80多岁的老爷爷:科林·伦福儒(Colin Renfrew)教授。

这几年,关于良渚的国际会议越来越多,不仅中国考古界在积极参与,良渚遗址的所在地政府也在积极推进,几乎一年就有一次,良渚越来越得到国际考古学家的关注,尤其是世界著名考古学家伦福儒,可以说,老爷子是良渚的"铁粉"。

科林·伦福儒勋爵,生于1937年,剑桥大学教授、英国社会科学院院士。他在第二届世界考古论坛上被授予

"终身成就奖"。他和英国学者保罗·巴恩（Paul G. Bahn）合写的《考古学：理论、方法与实践》（Archaeology:a very short introduction），自 1997 年面世以来再版 7 次，至今依然是考古学界最为全面和系统的畅销考古通识读物之一。

2013 年，第一届世界考古论坛期间，伦福儒先生第一次来杭州，参观了良渚遗址，对 5000 年前的良渚文化中的水利系统、墓葬的等级以及玉琮、玉璧等器物印象深刻。

"早期古代中国丰富的物质遗存和近年来充满活力的考古学研究，正在吸引越来越多的外国考古工作者来到中国。中国的考古学需要置于全球史前史的语境下，开展多层次的比较考古学研究，这样中国对世界考古学将做出巨大的贡献。"那次，他这么说。

2016 年 4 月，伦敦大学召开了水管理和世界文明的会议，对于良渚新发现的水利系统，世界都很关注。伦福儒接受专访时说：中国新石器时代是被远远低估的。由于良渚这些年一系列的重要发现，世界考古界开始重新审视中国商代以前的历史。

2017 年，伦福儒又来良渚，专门考察了新发现的老虎岭水坝，以及出土了人骨的钟家港发掘现场，3 月 21 日，他在良渚做了一场讲座，题为"世界早期复杂社会视野下

伦福儒在良渚水坝遗址

的良渚古城"。浙江省文物局局长柳河等许多人，都赶来听这一场 2 个多小时的讲座。

我们看到，申遗范围四大片区（瑶山片区、城址片区、谷口高坝片区和平原低坝 - 山前长堤片区）中，包含了外围水利系统，这是在 2017 年新增的。

2009—2016 年良渚古城外围水利系统的揭示并确认，使良渚古城遗址的价值内涵又获得极大的提升；而逐步揭示的古城规模则远超于同时期世界其他文明的都城遗址。

"今天早上刘斌和王宁远先生提出了一个有趣的理论，

伦福儒和刘斌在交谈

是高低坝会形成湖区,而这些湖区可以用来运输木头到良渚古城之内,以建造良渚古城。这是我今天新学习到的知识,非常有趣而且重要。这就是说,良渚的水坝系统可能是世界上最早的人工湖。因为证据非常充足。"

在快结束的时候,这位学者说了一句话,让现场很多人记忆深刻——"良渚遗址可以申遗成功。"

紧接着提问环节,有人问了一个关键问题:能不能认为良渚是个王国?

他说:我还没找到王在哪儿。我看到了贵族墓地,但我没有看到一个绝对权威的状态。

当时，伦福儒并不知道反山王陵 12 号墓，也就是良渚王在死后的"荣华富贵"，足以证明他的身份特殊。

提问环节马上要结束的时候，良渚申遗总顾问陈同滨最后一个举手提问："在反山 12 号墓同时出土了良渚玉器中最精美的琮王、钺王，象征了军权与神权的最高等级，这一现象是别的墓葬所没有的，对此您怎么看？"

伦福儒先生若有所思："良渚社会的权力结构，需要更多的讨论。良渚遗址的原始数据和材料保存得特别好，这是一个可以实现可以讨论清楚的问题。"很快，2017 年下半年，他有了明确答案。伦福儒先生在上海博物馆做了《两个图符的故事：史前社会复杂化的不同途径》学术报告，专门讲到了良渚文明的世界高度。

他把良渚文化与希腊基克拉底文化做了比较研究，然后，他点赞刘斌所长带领的浙江省文物考古研究所良渚古城考古团队，称这个团队的贡献，让良渚文明处在和埃及文明、美索不达米亚文明相同的时间点上。

对于那个"遗留问题"，良渚是否是王国，是否存在一个"酋长"，这一次，伦福儒说，良渚社会比处于酋邦阶段的基克拉底文化更为复杂，已经可以认为是早期国家社会。他认为良渚遗址发现的历史贡献是：确定中国早在

5000多年前的良渚社会就已经进入了早期国家文明阶段。

他又说，同时期中国可能还不止良渚一个国家社会，但良渚无疑是最耀眼和最突出的，同时也证明中国文明不仅起源于黄河，也起源于长江。"中国考古学家让我们认识了中国史前时代。良渚文化的玉琮及其上的神徽，直接可以视为良渚国家的标志符号。"通俗地说，相当于是国徽。

这无疑是令人振奋的。

这些年，国内学术界已经确证，以良渚古城为核心的良渚遗址实证了中华五千多年文明。而这一次，考古界的国际权威在这样大规模的国际会议上，第一次明确以良渚来标志中华5000多年文明。

2019年12月16日，良渚古城申遗成功后，伦福儒第三次来到良渚，做了题为"世界史前史中的良渚"的学术报告。萌萌的老爷子这回更放松了，面对自己一路"看着长大"的良渚，他说："我不是良渚研究的专家，我是它的一个仰慕者。"

良渚 申遗文本那些关键词

世界遗产大会，是联合国教科文组织世界遗产委员会的年会，主要审议当年各缔约国申报的世界遗产。

要列入世界文化遗产，必须过一个关。

它就是世界遗产委员会唯一指定世界文化遗产申报咨询机构——国际古迹遗址理事会（ICOMOS）。如何征服ICOMOS的专家，如何让外国人理解中华五千年文明？这是一件有难度的事。

其实,在良渚申遗成功前2个月,世界遗产中心（WHC）网站已经公布了一个极其重要的信息：来自ICOMOS对所有入围项目的评估结果。

评估建议有四档：推荐列入（Inscribe），要求补报（Referral，或译为发还待议）、重新申报（Deferral，或译为推迟申报）、不予列入（Not Inscribe）。

良渚古城遗址的后面,写着一个大大的"I",这意味着,ICOMOS的建议是：推荐列入（Inscribe），简写"I"。

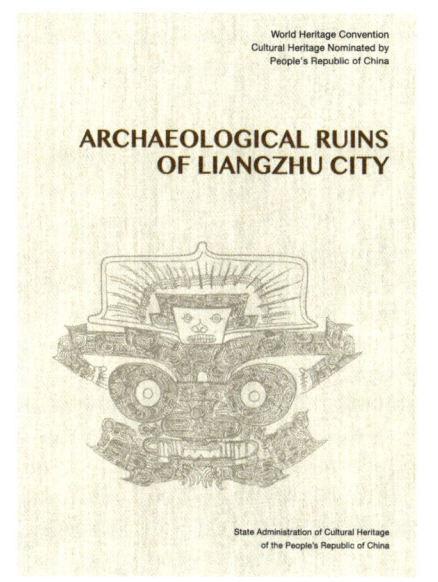

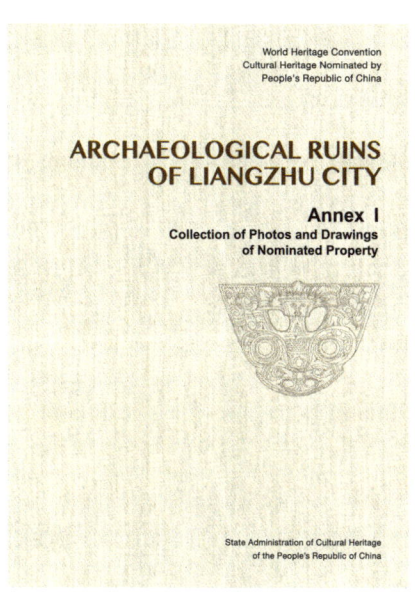

申遗文本的封面

　　这个自信满满的"I"，以及最终的一锤定音——申遗成功，一部分来自国际专家到良渚遗址进行的现场评估，现场确认遗产的真实性、完整性，以及保护的有效性。

　　除此之外，还有一个重要的依照：申遗文本。

　　2012年，良渚申遗正式启动，杭州良渚遗址管理区管理委员会（以下简称良管委）委托了一个老朋友——中国建筑设计院有限公司建筑历史研究所名誉所长陈同滨主持，与浙江省文物考古研究所、良管委共同编制良渚申遗文本，历时5年，总页数5330页。

为何说老朋友？陈同滨也是2000年《良渚遗址保护总体规划》的主持人。她是杭州人，西湖申遗文本正是她和她的团队打造的。

陈同滨带领的9人团队要做的工作，就是说服ICOMOS：良渚古城遗址，有什么理由能够成为世界文化遗产。

这是考古人一铲一铲发现的，是申遗文本一点一点讲出来的。每个词背后，都有故事。

早期国家

2012年，良渚申遗正式启动，申遗文本也同时启动。

接到委托后，如何评判良渚古城遗址的文明程度，成为陈同滨面临的最大挑战：任何一项世界遗产的申报，关键在于说出它有什么样的"突出普遍价值"（Outstanding universal values），即，从世界和人类的角度看，它有没有足够杰出、甚至是独一无二的意义？

2017年7月15日，是和良管委约定上交中文初稿的日子，但直到前一天，她还没有理清头绪。

"怎么把这件事讲清楚，压力很大。要讲故事，就要回答良渚人从哪儿来，干了什么，怎么干的，去哪儿了。每一件事，每个遗址之间是什么关系，先后序列搞不出来，就无从下手,整个故事的基本思路要理出来,不能只说这一年挖了什么,那一年挖了什么。你要把整个故事串起来跟评委们讲,才能帮助评委理解良渚非同一般的价值。"

当陈同滨在思考这个问题的时候,良管委给她打来电话,说收到一个新材料:由北京大学考古年代学实验室主任吴小红提供的一组最新的碳十四测年数据。

"单凭碳十四测年数据不能下结论,但结合考古研究提出的各个遗址的相对关系,再建立起价值载体之间的先后次序,思路就清楚一些了,先有什么,后有什么,发生了什么,都比较清楚了。"

"在我们传统的表述里,往往说什么东西最早、最大,就是不言而喻的最厉害的。但国际专家经常会接着问为什么?大又怎么了?你需要接着说,说明它的社会组织管理能力超强,它才能做到那么大。年代最古老又怎么了?你需要把整个的脉络理清端出来,说明它的地位与意义。"

而在良渚申遗文本里,没有这样极致耀眼的大词。良渚评审时间,大屏幕上出现了这些词:区域性早期国家、城市文明……都是普通人一下子难以明白的词汇。

她在提交文本之后,马上接到了一些国内考古专家的电话:陈同滨,听说你把良渚定为早期国家了?

陈同滨说:是啊,但前面还有一个词:区域性早期国家。

对方说：哦，那行。

不是我们习惯的"统一国家"，是区域性的。

中国的史前时代，长久以来是被低估了的。一直以来，我们都是以夏商为文明探源的出发点，以黄河文明为中华文明之源，这无形中降低了周围地区那些高规格遗迹遗物的历史地位。

随着探源脚步的迈进，我们渐渐发现，满天星斗的文化中，有一些已然闪现出文明的火花。

因为考古发现的局限性，我们还无法全部说清其他区域文明的发展形态，但经过80多年的考古发现和研究，已经可以确证——良渚文明，是目前中华大地上第一个能够被确证进入国家的文明。

"如果省了这个词（区域性），在学理上马上出问题。它有别于黄河流域那些已经建立了统一政权的国家文明，比如先秦时期的国家，那些是成熟国家，良渚是一个早期国家，已经具备了文明的基本形态。"

复杂社会

申遗文本的编制过程，不是一蹴而就的，它和国内、国际考古界对中国文明的认识相关联。

总体而言，良渚文明得到国内学术界的普遍认可，要迟至 2007 年良渚古城发现之时。而这十多年，情况发生了转变。良渚古城遗址的考古研究，在中国考古学者的努力下，一直在频繁刷新国际学界对中国历史的认识。

"所有考古和非考古的国外专家，对良渚文明的印象，都是从玉器开始。这么厉害的玉器的制作技艺、数量、功能，说明这个社会不简单，但到底是什么样的，还不够清楚。"

除了"早期国家"，申遗文本中关于良渚古城遗址的价值要素，还有一个关键词：复杂社会。

良渚申遗文本的突破口，也跟这个词有关，发生在良渚文化村的水边餐厅。

2017 年，国际古迹遗址保护理事会（ICOMOS）的三位考古学家——道格拉斯·科默尔（Douglas Comer）教授、迈克·皮尔森（Michael Pearson）教授和莉玛·胡贾（Rima Hooja）博士，正在北京参加红山文化遗址申遗的研讨会。良管委主动邀请三位专家来杭州良渚遗址看看。

这三位专家，来自 ICOMOS 的一个名为"考古管理专业委员会"，他们提了一个建议：不要简单使用"文明（civilization）"这个词来描述良渚。

"文明这个词太宽泛了，红山文明、良渚文明，中国很多考古遗址都叫文明，他们有些被搞晕了，对国际专家来说，缺少了一个实质性的把控。"

陈同滨说。事实上，国际上很早就有批评，认为文明、文化是含义过于宽泛的词，不利于讨论问题。

他们接着说：建议你用"复杂社会（complex society）"这个说法。

陈同滨马上解扣了。

按照西方物质文明指征，文明有三个标志：城市、金属、文字。这套"文明公式"已经在国际上沿用多年，在中国也一直占据主导地位。然而，中国的早期文明未必适用于这种标准。

刘斌说，这也是国际学术界对中华文明存在的三个误区。

"第一个误区是将中华文明作为一个整体来对待，而忽视了中华文明形成之前还存在着多个区域文明。第二个误区是将中原文明作为中国早期文明的唯一代表，而以中原文明的形成作为中国早期文明形成的标志。第三个误区是以青铜器、文字作为判断文明的绝对标准，而将未发现青铜器、未破译文字的文化摒除出文明之列。"

著名考古学家伦福儒认为，有三个因素，可促使人们去重新评估良渚作为早期国家社会代表的历史地位。

"首先是良渚古城的规模，包括内城和外城。其次是根据墓葬材料所得出的社会等级的划分，非常精美的玉器基本都出土于贵族墓葬中。最后一点是公共工程的规模，包括莫角山土台，以及用来控制季风性山洪的高坝和低坝系统。"

换句话说，除了文字和青铜器，良渚文化在各个方面均已达到文明国家的要求。这也正是中华文明的特点。"三要素"并不是为了说明物质的存在，而是通过三个方面来说明社会组织的发达程度。中国社会，金属出现晚，玉器刚好是有别于西方的特点；大型城市，足以证明人群的分化，社会组织规模到达国家级。因此，"良渚文明"成为了个例，它挑战了过去对于国家文明三要素的固有观念。既有的文明标准，不应成为判断一个文化是否进入文明社会的生硬公式。

上世纪80年代，国际上就已经有了"复杂社会"的概念，良渚，是中国第一个使用"复杂社会"这个概念与国际对话的。

良渚的突出普遍价值

底色不同，看东西就不同。很多人认为，在跟国际对话时，我们只要多说就能讲出自己的文化特色、优点。

这是一个错误的"套路"。

陈同滨在西湖申遗时，已经充分体会了东西方文化背景的差异问题。

那良渚呢？有没有碰到这样的问题？良渚不同于西湖，没有"美不美"的问题，更多的是文明史的研究。

"申报世界遗产，讲遗产的价值，核心价值，一定是在国际语境下讲，而不是用中国自己的传统表述方式。"

什么是国际语境？

"我们必须从人类文明的高度去解读我们的文化，你要突破自身文化背景的局限性。"

"要想成为世界文化遗产，需要具备一个足够高的视野，借此才能提出一个对全世界都具有突出普遍意义的价值。假如一座中国宫殿，你跟联合国教科文组织说，这是中国某皇帝登基的地方，所以重要，那一定很难入选。因为这只对中国有意义，对其他国家、对全人类的现在和未来，都没有任何意义。"

打动评委的，一定是对世界、对人类的现在和未来都有重要意义的价值。

申遗文本中，有这么一句重要的定论："良渚古城遗址可填补《世界遗产名录》东亚地区新石器时代城市考古遗址的空缺，为中国5000年文明史提供了独特的见证，具有世界突出普遍价值。"

"讲述价值的时候，绝对不会说它对余杭当地、对中国人有什么价值和意义，而是可以见证过去人类是一种什么样的状态，有什么样的智慧，也是落脚到对人类的今天和未来有启迪意义上。"

良渚王国的底气很足。

普遍价值的关键点，是 5000 年。

我们已经确证，5000 年前，中华文明就已经进入了早期国家。

人类社会发展有同步性，古埃及文明、苏美尔文明、哈拉帕文明都在 5000 年前进入国家社会。中国考古起步比较晚，上世纪 80 年代以前，各地文化面貌的辨识、文化谱系的建立，是中国考古的主要任务。80 年代中期以后，随着红山文化、良渚文化随葬玉器大墓的发现，才开始探索文明起源。而良渚的发现，证明中国在距今 5000 年左右也已经进入到早期国家形态。这就改变了以往国际考古学界对于中国新石器时代的认知。

如今，人们知道良渚文明出现的时期，也正是古埃及、苏美尔、哈拉帕文明开始出现的年代，在距今 5000 年这一重要时期。良渚古城遗址凭借大量的遗址遗迹，包括高大宫殿台基、完整的城墙遗址、古老而庞大的水利工程，以及数以千计象征权力与信仰的精美玉器，足以让人相信：5000 年前，良渚王国社会发展程度，已完全可与其他世界古老文明比肩。

这便是良渚对世界文明和人类发展的突出普遍价值。

见 证

13分钟，良渚申遗现场的审议时间，也是良渚的高光时刻。

13分钟，有多久？

台上十分钟，台下十年功，老话往往是真理。良渚申遗又何止十年。

申报世界文化遗产，是良渚遗址保护的阶段性目标。这条申遗之路，究竟多少年，很难用具体的数字来计算，它是一项系统复杂的国际性事务，凝聚了社会各界的智慧和力量，凝结了无数人的努力与付出。

无数人，是谁？一定有你，有我。这是无数个"我"组成的大家庭——行政管理、专业技术、媒体宣传、后勤保障……"我"，也是一个普通人，讲解员、志愿者……

这个大家庭共同完成了哪些事？

如果真要划一个时间节点，2017年3月，正式确定了良渚申遗范围，此后，杭州市和余杭区积极履行属地责任,相继完成了十个超大工程,也叫"申遗十大工程"——申遗文本编制、遗产区征地拆迁、遗产区环境风貌修复、遗址现场保护展示、景观大道建设、安溪集镇改造、良渚古城遗址公园南入口改造提升、良渚博物院陈列改造、良渚遗址遗产监测管理中心建设、良渚考古与保护中心场馆建设。

我们经常看到一个熟悉又常常不太读得清楚的名字:良渚遗址管理区管委会(指挥部),我们习惯叫它良管委,可以说,这是一个为良渚而生的集体,是良渚申遗"十大工程"的实施主体,也是一支铁军集体,他们陪着良渚,过五关,斩六将。

第一关,就是一场硬仗,送出文本关。

送 达

良渚申遗文本,相当硬核——这个词不是随便说说的,5530页,共20册,200多万字,囊括了正本、附件材料、大比例尺地图和光盘。世界文化遗产评估机构——国际古迹遗址理事会(ICOMOS)主席河野俊行看到我们送出的文本后,特别惊讶,说了一句话:这是"申遗文本中的典范"。

我见过申遗文本的草稿,60厘米,红色圆珠笔迹,上面密密麻麻的修改痕迹,像一个个密电码。申遗文本的

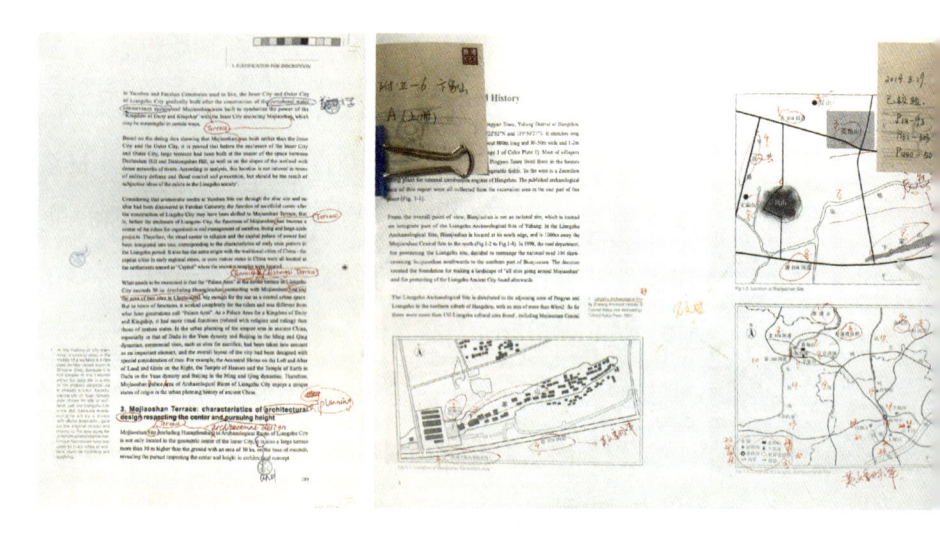

申遗文本草稿上是密密麻麻的修改痕迹

要求有多严格,只举一例:《实施世界遗产公约操作指南》(以下简称《操作指南》)规定,如果材料不完整,或者格式有错,不予提交评估,退货。

所以,正式文本提交前,还要先交预审文本,这个程序不能少。你可以理解为这是一场文本PK的预演,缔约国一般会在前一年的9月30日左右,先提交预审文本。

2017年9月20日,经中国联合国教科文组织全国委员会署名推荐,国家文物局将良渚古城遗址预审文本,寄往联合国教科文组织世界遗产中心进行预审。

申遗,也是和时间赛跑,年年月月,分分秒秒,日夜飞驰。

见 证

2017年12月底，国际古迹遗址理事会根据前期提交的预审文本，向中国提出一份中期评估报告。而且还有一个时间期限：2019年申遗项目的申遗文本，必须于格林尼治时间2018年2月1日下午5点之前，递交到位于巴黎的联合国教科文组织世界遗产中心办公室。

掐指一算，只有21天。

2017年12月26日，良渚遗址管理区管委会（指挥部）组织专班赴北京，与翻译、编制单位一起，连续21天，呆在70平方米的办公室，持续开展申遗文本的修改、翻译、校对、排版等工作。

没有休息日，也不分白天黑夜，他们每时每刻都需要以最清醒的状态面对大量文字和图片。时间长了，有的人眼睛有了不良反应，有的人开始掉头发，有的人发烧拉肚子，却没人请假。

有一位80后说，时间不等人，我们必须抢时间。

这是一份"国际申遗文本"，翻译是重任。但中文文本还未定稿，翻译很难进行。所以，采用两步一起走的方式，边修改文本，边完成英文翻译及排版校稿。于是乎，翻译老师很痛苦，有时候刚翻译好的英文，因为中文部分作了修改，就不得不推倒重来。

2018年1月26日，经国务院批准，中国联合国教科文组织全国委员会秘书处致函联合国教科文组织，正式推荐"良渚古城遗址"申报2019年世界文化遗产。

2018年1月27日凌晨，良管委三位年轻的工作人员出发了。他们要护送申遗文本从北京飞往巴黎。

两套需要递交的申遗文本，加起来50公斤，装满4个文件箱，杭州良渚遗址管理区管委会副主任蒋卫东笑：我们老年人是搬不动的。

凭借单位开具的一份沟通函，携带"超规格行李"的三个人，顺利登上了飞机。

你可能会有疑问，为什么不邮寄，还要人肉送达？

刚才已经提到，按照规定，2019年申遗的项目必须由缔约国正式递交申遗文本，于格林尼治时间2018年2月1日下午5点之前，将文本送达位于巴黎的联合国教科文组织世界遗产中心办公室，这也是对方收到文本的最终截止时间。

为了保证准时送达，安全无误，良管委派出三位专员，为申遗文本保驾护航。

2018年1月29日，在中国联合国教科文组织全国委员会秘书处驻巴黎办事处负责人的引荐下，他们向联合国教科文组织世界遗产中心官员亚历桑德罗·巴尔萨摩先生当面递交了《良渚古城遗址申报世界文化遗产提名文件》。

世界遗产中心总部的工作人员盖上回执印章登记确认。三个年轻人合影留念，百感交集。

现场评估日记

送达文本的那一刻，意味着又一场大考来了。申遗进入标准严苛、流程严谨的国际评估阶段。时间的指针，仿佛又拨快了一秒。

要知道，世界遗产的评审，是一项程序复杂的国际事务。国际评估，不是一次性完成的，还要细分为三次小考：匿名评估、现场考察、综合评估。

考官，就是国际古迹遗址理事会，ICOMOS，是它的简称。

匿名评估，评估什么？主要审查申遗地区是否具备遗产申报条件，价值是否足够评选，以及遗址的保护现状。申遗文本会以电子邮件的方式发送给世界各国的国际古迹遗址理事会成员，进行匿名评估，再收集反馈意见。

而接下来的现场评估，是整个国际评估过程中极为重要的一环，更是一场没有补考的大考。

一般来说，ICOMOS 会派 1 到 2 名相关专家，进行现场考察，现场确认遗产的真实性、完整性和保护管理的有效性。比如，遗产区划是否合理、各遗产要素保护情况是否良好、保护机构与保护能力、保护措施、政府与民众支持度等等，会随时发问和"挑刺"。

现场评估究竟有多重要？

请注意，这是评估阶段官方唯一的实地考察，在考察结束后 15 天之内，专家会以保密的形式，向国际古迹遗址理事会提交现场评估报告。

这份报告对最后的综合评估结果，是一把双刃剑。专家说 pass，最终不一定能列入；但专家如果给了不及格，也不会有补考的机会，因为只有他/她到现场来过。所以，现场评估的地位举足轻重，甚至会起到决定性作用。

那么，这位代表 ICOMOS 来良渚遗址考察的"钦差大臣"是谁？什么时候来？

插播一句，绝大部分 ICOMOS 的成员都是大学教授和学者，一般会利用暑假，也就是七八月进行现场考察。ICOMOS 一般会选择本地区的专家——我们属于亚太区，而根据类型，良渚古城遗址是考古遗址，一般会选择有考古专业背景的专家前来。

良管委的一间办公室，常年挂着一块倒计时牌，数字每天变换：距离国际迎检还有 ** 天。

ICOMOS 来信了。

2018 年 9 月 19 日—25 日，国际评估专家莉玛·胡贾

见　证

（Rima Hooja）将代表 ICOMOS 对良渚申遗进行现场评估。

她是谁？

莉玛·胡贾（Rima Hooja），女，印度籍，1956 年 11 月 12 日生，英国剑桥大学考古学博士、世界遗产专家。她曾评估大运河（现场）和土司遗址（书面）中国世界遗产申报项目，而 2017 年 3 月底，曾现场考察良渚遗址。

可以说，胡贾女士对良渚遗址并不陌生，甚至是熟悉。

怎么是 9 月？

莉玛·胡贾要去故宫参加世界文明论坛，主动要求推迟到 9 月来良渚。

人还没来，隐约感觉到，这一次 ICOMOS 似乎不按常理出牌。

果然，2018 年 8 月中旬，ICOMOS 突然来信，提出了延长考察时间的要求，从原本既定的 5 天，延长到 7 天，并提出要增加多个"考题"——

"提供遗产区和缓冲区划定依据，遗产地旅游战略和管理措施，对遗产产生影响的发展压力和环境因素说明，以及增加缓冲区考察点，增加考古工作座谈会、物质文化座谈会、中国早期水利系统座谈会。"

时间之长，要求之高，这在我国申遗历史上从未出现过。

这些要求，应是ICOMOS综合匿名评估专家和莉玛·胡贾本人的意见建议得出的，包含了评估专家团队对申遗文本中一些内容的关注。

根据这些要求，良管委动态调整完善了国际迎检工作方案，配套系列子方案从原先的25个，扩充到37个。同时，全面梳理准备应答，特别是针对国际专家可能关注的问题，宁可备而不用，也绝不用而无备。

但是，信，又来了。这一次，是莉玛·胡贾写的，再次提出增加考题。

她对之前布置的题目"物质文化、水利系统会议"提出了明确的主题，要求探讨中国新石器时期或早期粮食生产的其他遗址和文化的信息和比较分析，要求探讨中国早期水利系统的比较分析以及涵盖后期的浙江、杭州地区或中国其他地区的水利措施。

这对于我们阐释良渚遗址的价值内涵提出了更高的要求。

其他问题，都很明确，唯独胡贾女士提出的"物质文化"，大家有些摸不着头脑，这个物质，是指什么，玉器？国家文物局直接去信询问，您说的物质，是什么意思？您想了解点什么物质文化？

胡贾女士很爽快，马上回答：水稻，早期的稻作农业。

当年，这位英国剑桥大学考古学博士的博士论文，写的正是印度的水稻，难怪会如此关心良渚的水稻，单独作为一个附加题来考考我们。

利用最后不到一个月的时间，良管委组织北京大学、清华大学、浙江大学、南京大学、中山大学、河海大学、中国社会科学院等专业力量和专家团队，按时完成相关课题研究和专题会议筹备工作，并提前备好应答全套材料。

木门打开，白色刺绣裙子，银色手镯，银白头发，一位优雅的女士缓缓走来，谁也不知道她会再出什么"招"。

神奇的是，这七天，几乎天天下雨。

9月19日　周三　雨

听雨，听报告

下午，莉玛·胡贾参加了申遗工作汇报会，听取了关于良渚古城遗址考古、遗产价值、保护管理情况的三个汇报。

她说，2017年曾考察过一次良渚遗址，对良渚古城遗址和遗址所在地有一些了解，但这次想更为深入地了解良渚古城几千年前的生活状况是怎样的，需要学习和掌握的信息还有很多，这也是此行的重要目的。

汇报到一半，酒店外暴雨倾盆，她要求歇一会儿，兴

莉玛·胡贾

奋地跑到阳台去看雨了。

9月20日　周四　暴雨

终于穿上了雨鞋

上午,莉玛·胡贾实地考察良渚博物院。全程英语讲解,她很满意,"没有什么需要特别提问的问题"。

下午,她来到良渚古城遗址城址区考察。对于我们采取外迁104国道的方式来保护遗址,她表示赞赏;她也认为,现场的雕塑小品展示对遗址干预较小,是一种非常聪明的展示方式。

这一天出门,又是大雨如倾,我们给她买了一双苹果绿的雨鞋,她很惊讶,高兴得不得了。

见 证

原来，她一直向往穿雨鞋。她的老家在印度斋浦尔拉贾斯坦邦，是印度北面的干旱地区，她的家乡很多年没看过大雨了。

9月21日　周五　雨转阴

她哭了

莉玛·胡贾先后考察了池中寺仓储区、莫角山宫殿营建展示棚、钟家港古河道作坊区、何村服务点（展示馆）、南城墙发掘点、水城门和陆城门展示点。在南山农居安置点，了解因遗址保护搬迁的农居安置情况。

她认为，良渚国家考古遗址公园既有考古元素，又有自然元素，服务配套设施设计很用心，可以让城市居民亲

终于穿上雨鞋的莉玛·胡贾

看见——良渚王国记事
5000年

两位学生向莉玛·胡贾赠送良渚文化主题油纸伞

近历史、贴近自然,这种感觉很好。

下午,在瓶窑第一中学,莉玛·胡贾参观了良渚文化宣教长廊。两位学生代表向她赠送亲手制作的良渚文化主题油纸伞,她感动落泪。

9月22日　晴

点赞附加题

莉玛·胡贾重点考察良渚古城外围水利系统,对水利系统的宏大规模表示赞叹。她对通过政策引导农户外迁来保护遗存本体的方式给予肯定,表示要将这种做法写入考

见　证

王宁远向莉玛·胡贾介绍良渚水利系统

察报告。

下午，莉玛·胡贾在西溪湿地洪园参加了中国早期水利系统座谈会——这也是她此前的附加题。

座谈会上，她听取了河海大学和浙江省考古所有关专家关于良渚古城遗址水利系统研究的情况介绍，询问了所有坝体的具体堆筑时间以及功用，点赞这是一个了不起的水利系统，有着非常先进的工程、先进的规划、先进的技术，在中国甚至在世界上都是独一无二的，应该成为世界早期水利系统探讨的一部分，放到国际层面上去讨论研究。

9月23日　晴

尽责写好考察报告

上午，考察瑶山遗址和良渚古城外城。下午，走访良渚文化村社区，召开利益相关者座谈会。

她在瑶山遗址游客服务中心的留言本里写道："这是一个还有很多研究前景的遗址，有很有趣的展示手段，游客可以很好地认识瑶山祭坛和墓葬，感谢你们对每个遗迹现象的详尽解释。"

她表示，将尽自己的职责写好考察报告，但良渚古城遗址申遗最终结果还是要取决于国际社会的集体决定。

这天，她兴致盎然，突然又主动提出，希望安排一场学术报告会，向我们介绍古印度文明的考古和研究情况。

9月24日　雨

意外"蹭"到一场讲座

上午，考察遗产区和缓冲区内农户，考察良渚遗址遗产监测管理中心并作专题学术报告。根据她本人的意愿，由她作专题学术报告，向良管委（指挥部）全体干部职工介绍了古印度文明的考古研究情况。她重点阐述了古印度哈拉帕文明的有关情况，并将其与良渚文明作了比较分析。

见　证

9月25日　晴

临别赠言

上午，浙江省文物局局长柳河，杭州良渚遗址管理区党工委书记、管委会主任张俊杰等送别莉玛·胡贾。临行前，张俊杰向她赠送了良渚古城遗址考察纪实相册和视频U盘。

在西湖边，她写下了一段留言。

附：莉玛·胡贾的金句——

"我能想到的，你们都做了。"

"每个遗址展示的方式都不同，我觉得很好。"

"你们在文本中写到的，你们都做到了。"

我想，胡贾女士一定给了良渚高分。

巴黎答疑

2018年10月18日，国家文物局收到ICOMOS的函，邀请中国代表团于巴黎时间11月23日上午11:15—11:55到法国巴黎总部，就良渚申遗有关问题进行现场答疑和沟通。

巴黎答疑，是中国申遗项目第一次与ICOMOS进行面对面的沟通。其实，除了开展现场答疑，也可以进行网络视频答疑。但根据以往的"实战"经验，视频答疑可能会断线，影响沟通和评估结果。

国家文物局组建良渚申遗答疑代表团，一共六人，由国家文物局分管世界文化遗产事物的宋新潮副局长任团长，团员包括国家文物局办公室（外事联络司）温大严副主任（副司长），文物保护与考古司（世界文化遗产司）世界遗产处肖莉处长，杭州良渚遗址管委会蒋卫东副主任，中国建筑研究设计院有限公司总规划师、建筑历史研究所名誉所长陈同滨，浙江大学文化遗产研究院王毅副研究员（英文翻译）。

每个项目的答疑时间都只有40分钟，现场计时，一分钟也不能多。包括ICOMOS主席河野俊行、联合国教科文组织世界遗产中心主任罗思乐在内的二十多位世界遗产评估专家参加了良渚古城遗址申遗的现场沟通。双方围坐长方形会议桌，有些像"法官审案"。

主评专家总共提出了五个方面的问题，代表团采取了听完所有问题再逐一回答的策略——时间有限，这样可以对ICOMOS评估的所有问题有全面了解，然后根据事先分工逐一进行了回答，现场反响良好，顺利完成答疑。

又一场仗打完了。

按照惯例，在现场答疑工作结束后约10天内，ICOMOS会给中国官方来函，要求良渚古城遗址申报项目就专家评估提出的有关问题提供书面补充材料。

果然，2018年12月25日，良渚遗址管理区管委会（指挥部）正式收到ICOMOS信函，要求提供补充材料。

信函对良渚古城遗址的材料补充共提出了完整性、缓冲区范围、法律保护、保护、管理、研究、其他方面等七大类意见,并强调遗产地需要在 2019 年 2 月 28 日前将相关材料送达 ICOMOS 总部。

又是分秒必争。良渚遗址管理区管委会(指挥部)组织专班,协同申遗文本编制团队,开展补充材料的编撰。2019 年 1 月 31 日,良渚申遗补充材料正式提交 ICOMOS,比截止时间提前一个月。

之后,就是煎熬等待,等待一个单词的出现。

ICOMOS 根据匿名评估、现场评估专家意见,集体研究讨论形成一份综合评估报告。评估建议分为四档:推荐列入(Inscribe)、要求补报(Referral)、重新申报(Deferral)、不予列入(Not inscribe)。

2019 年 5 月 14 日 23∶20,大部分人已经睡着了,良渚遗址管理区管委会(指挥部)突然收到 ICOMOS 对良渚古城遗址的综合评估报告。

评估结果为 Inscribe,简写"I",即建议将良渚古城遗址列入《世界遗产名录》。它符合世界遗产两条标准。标准 (iii):能为延续至今或业已消逝的文明或文化传统,提供独特的或至少是特殊的见证。标准 (iv):可作为一种建筑或建筑群或景观的杰出范例,展示出人类历史上一个或几个重要阶段。

附：

国际古迹遗址理事会对良渚古城遗址的评价

The Archaeological Ruins of Liangzhu City, as the centre of power and belief of Liangzhu culture, …… provides unparalleled evidence for concepts of cultural identity, social and politicalorganization, and the development of society and culture in the late Neolithic and early Bronze Age in China and the region.

The Archaeological Ruins of Liangzhu represents the great achievement of prehistoric rice-cultivating civilization of China over 5000 years ago, and as an outstanding example of early urban civilization.

——Comment on the Archaeological Ruins of Liangzhu City of International Council on Monuments and Sites

译文：

良渚古城遗址作为良渚文化的权力和信仰中心，为新石器时代晚期和青铜时代早期中国及区域文化认同、社会政治组织和社会文化发展提供了独一无二的证据。

良渚古城遗址代表了五千多年前中国史前稻作文化的伟大成就，也是早期城市文明的杰出典范。

波澜 13分钟

巴库，阿塞拜疆共和国的首都，与中国时差4个小时。

巴库被称为"永恒的火焰"；而良渚，则是一座"水城"。不同的历史和文化，将在此碰撞、交融。

北京时间2019年7月6日，14：30到14：43，良渚古城遗址在联合国教科文组织第43届世界遗产大会上，通过申遗大考。

13分钟，我分明看见，中华5000年文明史带给世界的波澜。

这场大考要好几天，2019年全球共有35个提名项目，包括27个文化遗产项目、6个自然遗产项目、2个复合遗产项目。2019年7月5日，大会开始《世界遗产名录》审议。

良渚古城遗址的"出场顺序"，为文化遗产的第四个。

巴库时间7月3日—4日，浙江杭州良渚古城遗址申遗代表团先后抵达巴库机场。

巴库时间7月6日10点（北京时间14点），大会主

申遗现场

席敲了5声槌,当天审议正式开始。

10:30

"接下来我们开始审议第十五个项目,是中国提名的考古学遗址良渚古城。现在我有请世界遗产委员会(WHC)的 Alexander 发言,然后由国际古迹遗址理事会(ICOMOS)来介绍这一申报内容。"

10:31

"谢谢您主席,我们收到了有关于对考古遗址良渚古城的评估文件。相关的材料在英文版本文件的第 58 页，法语版本的 63 页。"

10:33

ICOMOS 女专家用时 3 分多钟完成了文本汇报。良渚古城的地图、器物，一一出现在两块大屏幕上。

"良渚古城遗址证明了它的完整性、真实性，边界合适，符合世界遗产第 3 和第 4 条标准。ICOMOS 建议将它纳入，建议所有的遗产组成部分全部列入全国重点文物保护单位。"

10:34

ICOMOS 专家结束汇报。诸位委员国开始讨论，乌干达、澳大利亚、挪威、坦桑尼亚、阿塞拜疆、巴西等 10 个国家大使分别发言。

补充一个知识点。联合国教科文组织世界遗产委员会是《保护世界文化和自然遗产公约》的执行机构，主要职能包括审议新的世界遗产等。目前，该委员会共选举产生 21 个委员国。

2017 年 11 月 14 日，中国当选世界遗产委员会委员，任期四年（2017—2021）。第 43 届世界遗产大会 21 个委

看见 —— 良渚王国记事
5000年

落锤后的欢庆

员国分别是：安哥拉、澳大利亚、阿塞拜疆、巴林、波斯尼亚和黑塞哥维那、巴西、布基纳法索、中国、古巴、危地马拉、匈牙利、印度尼西亚、科威特、吉尔吉斯斯坦、挪威、圣基茨和尼维斯、西班牙、突尼斯、乌干达、坦桑尼亚、津巴布韦。

10：35 — 10：42

乌干达："祝贺中国成功提交申报了遗产，乌干达支持决议草案。"

澳大利亚："真心感谢中国提交申报，这个遗产为中国古代文化提供了考古证明，而且保护得非常好。玉器太出色了，这是一个重大的考古发现，即便对世界来讲也是这样，对世界遗产是重要补充。"

挪威："我们祝贺中国，对《世界遗产名录》的新贡献，中国将有一个新的世界遗产，希望能够成功管理好。"

坦桑尼亚："谢谢主席，我们和其他发言者赞赏咨询机构和所有参与准备评估的专家，祝福中国和中国人民成功申报。"

阿塞拜疆："主席先生，真心祝贺中国成功申报了遗产，这是对中国文明起源的重要证明，证明它在早期城市规划方面做的工作，是历史上的巨大成功，我们祝贺缔约国，感谢 ICOMOS 所作的工作。"

圣基茨和尼维斯："感谢主席。圣基茨和尼维斯联邦赞扬当事国中国对此项遗址的提名，并全力支持将其列入《世界遗产名录》。我们相信中国能够很好地管理这一遗址，为中国的人民，也为整个世界。祝贺中国，感谢主席。"

突尼斯："突尼斯同前面所有发言者一道，祝贺中国提交了高质量的提案。为了不重复发言，我和前面几位一样肯定良渚古城在文化方面的重要性。但是我想强调一点，这项提案对于联合国教科文组织核心要旨提供了另一要素，它革新了我们对新石器社会的生活方式、组织形式的科学与历史认识。我认为它在让我们进一步从科学上认识这段时期的作用,同文化作用一样宝贵。再次感谢中国,给我们这样的机会。"

布基纳法索:"我们附议!"

津巴布韦:"谢谢主席,我们也赞赏中国,提出了良渚古城考古遗址,将其列入《世界遗产名录》,我们注意到这一提名的新石器遗址细节非常详尽,从1936年以来对其的研究就开始进行了,证明在当地曾有一个古国。我们附议!"

巴西:"简短地祝贺中国提名这项杰出的遗址,它诞生于公元前3300年。我们认为,该遗产向委员会提供了一个普遍价值的突出范例。所以再一次,我们向中国表达衷心的祝贺。"

10:43

耳机中同声中文传译的沉稳男声,语速突然变慢了,一字一顿——

"请问委员会成员还有其他意见,或者关于这项提名的建议吗?没有吗?请问会务报告人是否收到修改意见?"

"谢谢主席,没有收到关于该项提案的修改意见。"

"我们没有收到反对意见,我认为应该采纳这项决议。

波澜 13 分钟

落槌，一张横幅在中国代表团席中缓缓展开

因此我宣布草案决议 43 COM 8B.15（良渚古城遗址申遗草案序号），通过。"

阿塞拜疆文化部长阿布尔法斯·加拉耶夫手中的小槌子敲了下去，"咚"一声。

一锤定音。

那一刻，我看到国际评委的眼中泛起波澜——他们赞叹中国良渚古城遗址的器物工艺，肯定保护的完备，对城市规划心悦诚服。最终，是对良渚古城遗址的一致认同。

全票通过。

那一刻，我看到会场里的中国人眼中泛起波澜。不论是否相识,热烈相拥。一条书法横幅,在现场中国人手里传递,"良渚遗址是实证中华五千年文明史的圣地"这看似简单的一句话,深藏着良渚自1936年施昕更开始良渚考古以来,浙江四代考古人与全国专家的沉静与坚韧;深藏着更多人无私的前赴后继。

波澜,荡漾在我所参加的申遗小组的带队组长、浙江省文物局副局长郑建华的脸上:"能参与这样的壮丽事业,人生大幸。"

波澜,在一位美丽女士的泪眼中:浙江省文物局文物保护与考古处处长李新芳哭成了泪人,看到我的镜头闪过,赶紧转头,擦擦眼泪。

波澜,隐在刘斌心里。这位从"一堆烂石头里"发现良渚古城的西北汉子,说话带着考古人的淡定:"这么多国家的代表认可中国5000年的文明史,我很骄傲。"

而发现良渚古城水利系统的王宁远,一点也不想掩藏波澜。"你哭了吗哭了吗哭了吗",因为环境太吵,我连问三遍,他才听清:"哭?我怎么会哭?"还补了一句,"我们考古人,就是这么淡定。考古人七八十年的工作,得到社会上很高的评价,很高兴。最想说的是,何其幸也,与有荣焉。"

蒋卫东的波澜,是手持国旗,对我连说"四个非常"——

"非常兴奋,非常激动,非常高兴,也非常自豪。有句话:'我们埋头苦干,我们开花结果。'今天应该说是开花结果的一天。我们同时也觉得,杭州的良渚,是中国的良渚,也是世界的良渚,祝愿良渚有更美好的明天。"

一面五星红旗在会场展开。看到现场的中国人热烈而不失有礼的祝贺,世界各国的人们会心地笑了。申遗文本里的古代中华与现实生活里的鲜活中国,就这样奇妙地一起立于世界舞台。

神奇的北纬 30 度,诞生了古埃及文明、苏美尔文明、哈拉帕文明,良渚和这些文明并肩——作为早期城市文明的杰出范例,实证中华五千年文明史的圣地,它是中华民族的瑰宝,也是全人类共同的文化遗产。

我看到,13 分钟里链接的 5000 年。良渚何其幸也,我们与有荣焉。

听见隐秘不可察觉的声音

代后记

一

"马黎,你现在是什么感受,从2012年到现在,跟了这么久,说一句真心的话吧。"

纪录片导演史鲁杭突然移动摄像机,镜头对准我。

阿塞拜疆时间2019年7月6日上午9点15分,离第43届世界遗产大会第二天的审议会议还有45分钟,良渚古城遗址究竟是不是第四个出场,不知道,现场随时有变化。我拿着手机给刘斌做视频采访,阿鲁老师这一记"调转枪头"即兴拍摄,措手不及。我的手机对着他,他的镜头也对着我。

"很焦虑,也很激动……"回到杭州,回看这段15秒视频,混乱,语无伦次,也真实。

现场,是记者的第一战场。焦虑,让人时刻绷紧神经,你必须像侦探一般,搜索每一个角落,一分钟都不能放松,

代后记　听见隐秘不可察觉的声音

合格的记者,必须足够冷静客观,不代入"我"的情绪,"我"应该藏在背后。

平铺直叙,很少激动,此刻却也难以掩饰。不单单是一个中国人在现场见证中华五千年文明得到世界实锤的自豪感,阿鲁老师的问题,那刻打到心上了。

2012年4月1日,从事新闻工作的第3年,我进入《钱江晚报》做文化记者。第一条新闻,跑的就是良渚考古——那年4月13日,余杭玉架山史前聚落遗址评上了年度全国十大考古新发现。那天,我第一次拨通了刘斌的电话。第二天,第一次前往考古工地,第一次看到了在现场发掘的考古人、领队楼航。

结缘这个词有点土,但人间事说来说去,往往是这样。

那次之后,学戏剧文学出身的我,与完全陌生的考古结缘,在浙江考古一线奔跑至今,从未间断,算一算,也近10年。良渚考古,恰恰是我跟踪时间最长、最完整记录、探入最深的内容——这三个最,大概还是有一点信心的。

我见证了"我"——良渚,近十年来突飞猛进的发现,见证了"我"一点点被国内外学界认识、改观的过程;也见证了新媒体发展在这10年对于考古新闻的影响。

申遗成功后第二天,浙江省文物局副局长郑建华说,有朋友问他,敲锤那刻现场好多照片里,刘所长旁边这个女记者，为什么看起来表情沉重，好像不高兴。我说，那一刻，很纠结到底是鼓掌，还是记录，还是拍照，还是笑，百感交集。

对这个小孩的感情，大概就是这样。

二

良渚申遗前夕，翻出2013年的自己，冬天，和考古学家在良渚做古城城墙铺底垫石的搬运试验。我们模仿良渚人，一担一担，来回运输石头，计算良渚人一天的工作量，并分析良渚人到底是从哪座山上采集的石头，选了哪一种石头。

王宁远在朋友圈回了一条：马黎同学那时候好像还很青涩的样子，时间太快了。

刘斌也回了一句：真快啊。

时间就这样滑了过去。照片里去工地的高帮靴已经不再穿了，细节对话，却像新的。

王宁远告诉我，他们正在做关于石头的调查，我马上奔了过去。没有新闻性，没有新发现，只是考古队员日常工作和学术研究，也得不出任何结论——在很多人看来，它没有"价值"。

2006年，考古学家没有轻易放过一层普通的石块，最终"石"破惊天，"撬"起了中华第一城，发现了一个

代后记 听见隐秘不可察觉的声音

5000年前的早期国家。

石头,给我很大的启发。

刘斌多次提到老师张忠培的一句话:被材料牵着鼻子走。当某一种材料能触动你,就要把它搞明白,要被它牵着走。"要找出它有多长有多宽,再顺下去想,这个石头是从哪儿来的,考古就是教我们怎么样去追寻遗迹,怎么样去发现它的功能,最后引向科学。"

什么是好材料?

刘斌的关注点,在很多人看来有点另类,不是一堆烂石头,就是一片文物都没有的洪水层。刘斌说,挖到一个洪水层,没有人关注,因为没有宝,但实际上,它解决的正是时间段的问题。

这也是我的好材料。

考古不是一蹴而就的,所谓"突然发现"几乎是不存在的。时间磨砺,一铲一铲,需要用80多年铲出中华五千年文明;石头棱角,一块一块,需要摸底调查10526块石头,才能发现其中只有3块是萤石。

没有任何文字记录的良渚文明——幸而没有文字,它不存在"消亡",不担心逝去,它就在那儿,永远年轻,永远不会老去。今天,我们对良渚的所有认识,完全依赖考古学,全部发生在这80多年里。考古学家发现得越多,

看 见 —— 良渚王国记事
5000年

问题也就越多，以至于我们现在对它的认识，依然只有20%。它太丰富了。考古不断接近历史，但永远无法完全揭示历史。正因为如此，事情变得更有趣了。

王明达先生的笔记本、考古报告手稿，细节丰沛而驳杂。不是简单的档案，不是冰冷的水泥森林，而是大量细节说话，充满人的气息。引得读者如我，多次在线索里破案，想象。

上得工地下得厨房，方向明画琮王身上8个"神徽"的时候在想，为什么这一面良渚人多刻了一根手指头。良渚玉器里发现了那么多奇奇怪怪的端饰，到底是不是良渚人身份真正的象征。

看全莎士比亚戏剧，也爱看卫片的王宁远在想，淘宝上的耳道内窥挖耳勺，是不是可以拿来拍良渚玉器孔内的加工痕迹。在黑科技高手看来，只要能用于考古研究的方法，就是考古方法。

常年出差，经常被老婆拉黑的陈明辉在想，爱吃海鲜的南方人到底能补充多少蛋白质。

和爱人在良渚工作站相识相爱的宋姝在想，解剖一条汪刺鱼需要多少步骤。

挖宝，从来不是考古学家的目标。我也更愿意选择这些微不足道的"石头"，无人选择的小径，不大起眼的碎片，

代后记 听见隐秘不可察觉的声音

隐秘不可察觉的声音。这里不经常有"重大发现"——甚至没有发现,讲不出猎奇故事,不需要耸人的标题,只有人的知识、思维、思想和情感紧紧勾连,与每个人的生活有关——过去的人,现在的人,也与人类的未来有关。

三

还没有朋友圈的年代,考古报道仅限于"发现了什么"等标准化的消息,内容上足够专业无误,就像作家唐诺说的,"就是这样"的小说很过瘾,不模糊,容易讨好,甚至容易获奖。

但对读者来说信息量为零。

良渚考古报道更难。"地下气象万千,地上一片土丘",缺乏可视化,没有画面感,专业性强,不容易转化和表达。

也有人问我,有什么方法吗?没有任何方法,没有任何捷径,没有任何巧劲,唯有笨办法,和考古学家一起,上天入地寻找"小石头",并与它们日复一日地相处、琢磨,等待质变。

天下事,无非都是这样朴素的道理吧。

我大概是自虐型记者,考古发掘式写法。面对任何一个现场,从来不愿意相信眼前所看到的——所谓不相信,是一种相信,我相信任何一个现场的背后,都有还可发掘的故事和意想不到的细节,它会辅助你还原一个更为真实的"现场"。这个现场跨越时空，是历史和当下的重合，是今人和古人的对话，是让读者获得更多层面的信息和情感，文化的"留白"，正是读者所感兴趣的，而我们需要补白。

更重要的是，"在固定不变的小范围中兜圈子"，这"是不会有新的意义的（施昕更语）"。

作家金宇澄先生曾建议我把良渚故事写成非虚构纪实，摊开更多细微和细节，找寻更多原生材料，当事人的回忆，不仅仅是讲故事。但各种原因，暂时搁置，希望有一天能再拾起。这本书里，只实现了一小部分。

良渚文明还远远没有讲透讲完。这里只是自己立足这几个平方米的"看见"，视野所限。但相信读者能从中看见更多。

2020年6月10日 杭州

感谢

ACKNOWLEDGEMENTS

需要单独列出一条。

已故的牟永抗先生。

有问必答，有错必纠必骂，有爱必赞的王明达先生。

吴蒂、汤霁英、薛莹、方时列、孙雯、胡晓华等师友同事的无限度支持。

刘斌所长隔了两天便发来序，包容关怀，很多话不敢看。他一定忘了，刚认识时，我们曾为"怎么采访考古新闻"在电话里"吵"过一次。

无条件独家画了很多线绘图；为了帮我想封面，某天上班前，又照着良渚博物院展柜中美人地遗址的刻纹陶片画了线图，明明画得很好，却一再重画，"我这两天抽空画得再灵动一点"的偶像方向明老师。

给予极大帮助的蒋卫东、陈寿田、秦岭、周黎明、李晖、郑嘉励、王宁远、赵晔、陈明辉、夏勇、王永磊、宋姝、武欣、朱雪菲、朱叶菲、陈维欢、楼航、范畴、史鲁杭、敖彬伟等诸位老师。

寿勤泽、王旭斌等老师。

为这本书的书名贡献多重智慧的网友。

图书在版编目（CIP）数据

看见5000年——良渚王国记事 / 马黎著 . — 杭州：浙江古籍出版社 , 2020.7（2021.7重印）

ISBN 978-7-5540-1760-9

Ⅰ.①看… Ⅱ.①马… Ⅲ.①良渚文化－普及读物 Ⅳ.① K871.13-49

中国版本图书馆CIP数据核字（2020）第105100号

看见5000年——良渚王国记事
马黎 著

出版发行	浙江古籍出版社
	（杭州体育场路347号　电话：0571-85068292）
网　　址	www.zjguji.com
装帧设计	吴思璐
责任编辑	翁宇翔
责任校对	吴颖胤
责任印务	楼浩凯
照　　排	杭州立飞图文制作有限公司
印　　刷	浙江海虹彩色印务有限公司
开　　本	880mm×1230mm　1/32
印　　张	9
字　　数	160千字
版　　次	2020年7月第1版
印　　次	2021年7月第4次印刷
书　　号	ISBN 978-7-5540-1760-9
定　　价	56.00元

如发现印装质量问题，影响阅读，请与本社市场营销部联系调换。